Siegwart Berthold

Reden lernen im Deutschunterricht

Übungen für die Sekundarstufe I und II

CIP-Kurztitelaufnahme der Deutschen Bibliothek

Berthold, Siegwart:
Reden lernen im Deutschunterricht:
Übungen für die Sekundarstufe I und II, Siegwart Berthold
Essen: Neue Deutsche Schule Verlagsgesellschaft, 1997
ISBN 3-87964-295-8

1. Auflage 1997
© NEUE DEUTSCHE SCHULE Verlagsgesellschaft mbH, Essen
Umschlaggestaltung: art meets graphic, Mülheim-Ruhr
Zeichnungen: Klaus Becker, Frankfurt

Inhalt

Vorwort zur 2. Auflage

Nachdem die 1993 bei Cornelsen Scriptor erschienene erste Auflage von „Reden lernen" vergriffen ist, erscheint hier eine neue Auflage dieses Buches. Ich habe einige Teile überarbeitet, einige Übungsvorschläge hinzugefügt und die Literaturangaben aktualisiert. Das Buch soll weiterhin für eine stärkere Berücksichtigung der freien Rede im Deutschunterricht werben.

Übrigens wird der Unterricht in effektiver Gesprächsführung seit den Griechen und Römern in der Schule noch stärker vernachlässigt als die Rederhetorik. Deshalb soll diesem Buch ein Buch mit gesprächsrhetorischen Übungen für den Deutschunterricht folgen.

Siegwart Berthold

Einleitung

Jeweils beide Geschlechter zu bezeichnen ("LehrerIn", "Lehrer/in" usw.), macht Texte schwer lesbar. Als Erinnerung an die Gleichberechtigung der Geschlechter habe ich in diesem Buch meist die weiblichen Bezeichnungen verwandt und erkläre ausdrücklich, dass die männlichen Personen mitgemeint sind.

Viele Erwachsene haben Angst davor, öffentlich zu reden; viele von ihnen nehmen an oft teuer bezahlten Redekursen teil, um ihre Redefähigkeit zu verbessern. Das deutet auf ein Defizit in ihrer Schulausbildung hin. In den verschiedenen Deutschlehrplänen finden sich zwar vielfältige Hinweise auf die Förderung der rhetorischen Fähigkeiten der Schülerinnen. Im geltenden Lehrplan Deutsch für das Gymnasium, Sekundarstufe I in NW (1993) z.B. ist unter den Anforderungen für die Jahrgangsstufen 7 und 8 genannt: „... kleinere Redebeiträge als Kurzreferate leisten" (S. 75). Für die Jahrgangsstufen 9 und 10 wird von den Schülerinnen und Schülern gefordert: „... eine Rede halten und dabei Anlass, Absicht(en) und Sprechweise(n) reflektieren sowie rhetorische Mittel ziel– und situationsadäquat einsetzen" (S. 83). In der schulischen Praxis scheint der Redeunterricht jedoch nicht mit der wünschenswerten Intensität zu erfolgen.

Jede Schülerin sollte am Ende der Schulzeit zu verständlichen und wirkungsvollen Diskussionsbeiträgen und Kurzansprachen – insbesondere frei oder nach Notizen – auch vor größeren Zuhörergruppen fähig sein. Das ist nicht nur für viele Berufe wichtig, sondern auch für die Mitwirkung in politischen Organisationen, Vereinen usw.

Die beste Weise, die Redefähigkeit der Schülerinnen zu fördern, besteht wohl darin, ihnen in einer planvollen Übungsfolge möglichst viele Gelegenheiten zum Reden zu geben. Wer dagegen hauptsächlich Gedanken und Ratschläge zum Reden vermittelt, schult damit in erster Linie die Zuhörfähigkeit der Schülerinnen. Beim Redeunterricht sollte man an sportliches Training denken: Auch dabei sind theoretische Kenntnisse des Trainers wie auch der Trainierten zweifellos wichtig; um Erfolge – zum Beispiel im Laufen oder Fußballspielen – zu erzielen, muss man aber doch den Schwerpunkt auf praktische Übungen und Erfahrungen im Laufen oder Fußballspielen legen.

Dieses Buch beschreibt rhetorische Übungen für Schülerinnen ab dem 5. Schuljahr. Die Beschreibungen sind so konkret und detailliert, dass sich Lehrerinnen den Ablauf der Redeübungen vorstellen und entsprechenden Unterricht planen können.

Ich habe versucht, die Übungen vom Leichteren zum Schwereren anzuordnen. Die Auswahl der Übungen hängt von den jeweils bereits vorhandenen rhetorischen Fähigkeiten der Schülerinnen ab. In dieser Hinsicht gibt es erhebliche Unterschiede bei Klassen und Schülerinnen der gleichen Jahrgangsstufe. Die leichteren Übungen können auch mit Schülerinnen höherer Jahrgangsstufen durchgeführt werden (z.B. die Kettenerzählung). Die schwereren sind für jüngere Schülerinnen im allgemeinen nicht geeignet.

Absolute (situationsunabhängige) Kriterien für „gutes" Reden gibt es nicht. Andererseits braucht man plausible Leitbegriffe für ein Rhetoriktraining. Ein Beispiel ist hier in dem „Redebeurteilungsblatt" (S. 135) zusammengestellt. Ansonsten sollten die Schülerinnen dazu angeleitet werden, sich auf die jeweiligen konkreten Redesituationen einzustellen und vorzubereiten.

Die hier beschriebenen Redeübungen haben sich als flexibel einsetzbare Übungsformen bei Schülerinnen ab dem 5. Schuljahr und Erwachsenen bewährt. Welches Trainingskonzept das beste ist und wie man den Erfolg eines Rhetoriktrainings nachweisen kann, sind schwierige und kaum allgemeingültig zu beantwortende Fragen. Das sollte jedoch niemanden davon abhalten, möglichst gut durchdachte Anstrengungen zu unternehmen, die rhetorischen Fähigkeiten von Schülerinnen zu fördern. Ich hoffe zuversichtlich, dass die hier beschriebenen Redeübungen dabei nützlich sein können.

Methodische Hinweise

Folgende allgemeine methodische Hinweise sollten bei den Redeübungen beachtet werden.

Alle sollen oft reden

Jede Übung sollte möglichst von jeder Schülerin durchgeführt werden. Im Verlauf des Redeunterrichts sollte jede Schülerin möglichst oft reden. Bei großen Schulklassen ist das vor allem durch kurze rhetorische Einzelleistungen zu erreichen: Im Sitzkreis spricht eine Schülerin nach der anderen, oder: Jede spricht ein paar Sätze vor der Klasse.

Die Übungsreden können in Gruppenarbeit mit je zwei bis vier Schülerinnen geprobt und besprochen werden: Das erhöht ebenfalls den aktiven Anteil der Schülerinnen am Redeunterricht.

Kurze Übungsreden!

Die Übungsreden sollten kurz sein. Das ist nicht nur nötig, um in großen Klassen oder Gruppen möglichst vielen Gelegenheit zum Reden zu geben. Kurze Übungsreden genügen meist auch für die angestrebten Unterrichtserfolge. Außerdem wird so Redezeit zum knappen und damit wertvollen Gut: Das ist realitätsgerecht und kann motivierend wirken. Ferner kann es die Fähigkeit zu prägnantem Ausdruck fördern, wenn jede Schülerin nur einige Sätze sprechen darf. Die maximale Länge ausgeführter Reden im Redeunterricht sollte fünf Minuten betragen.

Leichte Übungsreden!

Die Übungen sollten von den Schülerinnen als leicht empfunden werden. Ein methodischer Grundgedanke der Übungen besteht darin, die Schülerinnen von bestimmten inhaltlichen, sprachlichen und Verhaltens-Teilleistungsanforderungen des Redens zu entlasten. So können sie sich besser auf ausgewählte Teilfertigkeiten konzentrieren und haben doch Erfolgserlebnisse mit realitätsnahen rhetorischen Gesamtleistungen.

Gutes Unterrichts- und Kursklima!

Die Lehrerin sollte für ein freundliches und hilfreiches Verhältnis der Schülerinnen untereinander sorgen. Wettbewerb ist durchaus erwünscht, wird aber als lediglich spielerisch charakterisiert. Das ist günstiger für den Lernerfolg als ein durch Leistungsdruck, kämpferische Konkurrenz und negative Kritik belastetes Klima. Die Rednerinnen sollten im „Ernstfall" die im Redekurs gewohnte gute Laune ausstrahlen können.

Zum Verhalten der Lehrerin

Die Lehrerin sollte die angestrebten rhetorischen Fähigkeiten selbst zeigen und so als Lernmodell wirken. Es könnte hilfreich für sie sein, sich bei ihrem Unterricht in die Rolle einer freiberuflichen Rhetoriktrainerin zu versetzen, von der hohe Effizienz erwartet wird und die auf die freiwillige Mitarbeit und das Wohlwollen ihrer Seminarteilnehmerinnen angewiesen ist.

Schülerinnen als Lernmodelle

Hervorragende Fähigkeiten und Leistungen von Schülerinnen können als Modelle und zur Motivation genutzt werden. Es empfiehlt sich, am Anfang einer Übung eher „gute" Schülerinnen sprechen zu lassen, weil sie als Modelle für die folgenden wirken. Auch kann gelegentlich nach einer Übung, bei der ein Teil der Schülerinnen oder alle gesprochen haben, durch Abstimmung die beste ermittelt werden. „Zur Belohnung" kann die betreffende Rednerin ihre Ansprache noch einmal halten.

Kurze, positive Kommentare

Die Redeleistungen sollten nur kurz kommentiert werden. Die Kommentare sollten überwiegend von der Rednerin selbst und den anderen Schülerinnen stammen. Hauptsächlich sollte positiv zu bewertendes Redeverhalten angemerkt und somit verstärkt werden. Kritik erfolgt im allgemeinen in Form von Verbesserungsanregungen. Dabei ist es für die Lehrerin wie für die Schülerinnen sinnvoll, sich auf einige wenige Trainingsziele zu beschränken: Man kann nicht an allen Verbesserungen gleichzeitig arbeiten. Besonders in der Schule sollten Unvollkommenheiten im Redeverhalten von Schülerinnen zunächst hingenommen und im Laufe der Jahre planvoll und konsequent beseitigt werden. Hauptsächlich kommt es darauf an, die bereits vorhandenen Fähigkeiten der Schülerinnen zu üben und zu fördern und ihre Freude am Reden zu erhalten. – Reduziertes Lob oder der Hinweis, eine Rednerin habe nicht die ihr mögliche rhetorische Leistung erbracht, können ebenfalls motivierend wirken. Diese Mittel sollte die Lehrerin jedoch nur einsetzen, wenn sie sicher ist, die Schülerin damit nicht zu verletzen.

Negative Kritik, die von den Schülerinnen oft ausdrücklich gewünscht wird, sollte nur sparsam in wenigen konkreten Punkten geäußert werden. Denn bekanntlich führen negative Verstärkungen kaum zum Lernen besserer, alternativer Verhaltensweisen. Insbesondere ist das Aufzählen einer zu großen Zahl von Kritikpunkten sinnlos und entmutigend. Eine generelle negative Kritik (z. B. „rhetorisch unbegabt") kann nicht nur lernhemmend, sondern auch traumatisierend wirken. Selbst wer tatsächlich große, möglicherweise irreparable rhetorische Schwächen hat, also z. B. stottert, sollte ermutigt werden, seine Meinungen und Ziele nach bestem Können zu vertreten.

Zur Themenwahl

Für den Lernerfolg ist es am günstigsten, wenn nicht über langweilige und uninteressante, aber auch nicht über allzu erregende Themen geredet wird, wobei vermutlich die erste Gefahr größer ist als die zweite.

Die Auswahl der Übungen und die Wahl der Themen sollte sich an den gegenwärtigen und künftigen Bedürfnissen der Schülerinnen orientieren. Diese

Bedürfnisse können in einer Redeübung thematisiert werden (vgl. „In Kurzreden Themenvorschläge für Übungsreden machen"). Es kann durchaus günstig sein, wenn die Lehrerin interessante, durchdachte Übungen und Themen vorschlägt und die Schülerinnen mit diesen Vorschlägen zufrieden sind. Die Schülerinnen sollten jedoch auch oft Gelegenheit bekommen, sich im Klassengespräch auf Redethemen zu verständigen bzw. die eigenen Redethemen selbst zu wählen.

Realitätsnahe Übungen!

Der Redeunterricht kann den Schülerinnen nicht immer alle wichtigen Bestandteile realer Redesituationen bieten, z. B.: viele unbekannte Zuhörer, großes Publikum, echte Rundfunk- oder Fernsehsendungen. Meist sollen die Übungssituationen auch zunächst nur einige und nicht alle belastenden Elemente der Realsituationen enthalten. Die Übungssituationen sollten aber doch grundsätzlich den Realsituationen, auf die sie vorbereiten, so ähnlich wie möglich sein; das ist am effizientesten. Insbesondere können Realsituationen der Klasse (Entscheidung für ein Ausflugsziel, Wahl einer Klassensprecherin) als Anlässe für Unterricht genutzt werden, der zugleich auf ähnliche außerschulische Redesituationen vorbereitet.

Eingehen auf einzelne Schülerinnen

Die Lehrerin kann und sollte mit der gleichen Übung verschiedene Lehrziele bei verschiedenen Schülerinnen verfolgen. Je nach den spezifischen Unterrichtszielen für die einzelnen Schülerinnen kann sie die Verteilung der Übungsaufgaben unauffällig steuern. Durch die Zuweisung leichter, kurzer Übungsreden kann sie bei der gleichen Übung z.B. Redeängstlichen zu Erfolgserlebnissen verhelfen und zugleich Weitschweifige zu Prägnanz anhalten.

Zum Umgang mit Redeangst

Die beste Vorbeugung und Therapie gegen Redeangst besteht aus positiven Redeerfahrungen, die die Redeangst nicht aktualisieren und steigern, sondern sie durch Verbindung der Redesituation mit angenehmen Empfindungen, durch Konzentration auf die Aufgabe und durch Erfolgserlebnisse in den Hintergrund treten lassen. Ein Training rhetorischer Fähigkeiten kann das Erleben von Redeangst verringern und die Redeleistungen verbessern.

Das Redetraining sollte den Teilnehmerinnen von Anfang an Spaß machen, so dass die angenehmen Emotionen beim Reden in den Vordergrund treten.

Die Lehrerin kann auch ausdrücklich darauf hinweisen, dass es viele Leute gibt, die gern und viel reden; es könne schwieriger sein, solche Leute zu bremsen, als Schüchterne zum Reden zu bringen.

In den meisten Fällen wird Redeangst durch die ungewohnte Situation hervorgerufen; ähnliche Ängste treten z.B. vor einer Reise in ein unbekanntes Land auf. Angst zu haben, wenn man nicht genau weiß, was auf einen zukommt und wie man sich verhalten soll, ist „normal". Um das Aufkommen von Redeangst zu vermeiden, sollte das Redetraining bei Situationen ansetzen, die den Schülerinnen schon geläufig sind. Ein Beispiel für dieses Vorgehen ist im Abschnitt „Vorstellungsreden" enthalten: Jeweils drei Schülerinnen treten vor die Klasse und stellen sich den Zuhörerinnen gegenseitig vor. Dieses Arrangement ähnelt dem Rollenspiel dreier Schülerinnen vor der Klasse. Schülerinnen, die vor der Klasse in Rollenspielen zu agieren gewohnt sind, wird diese Redesituation kaum ängstlicher machen.

Redeängstliche reden in der Tat oft schlechter als Redefreudige, weil sie das Reden vermeiden und deshalb weniger Übung haben. Daraus lässt sich die Empfehlung an Redeängstliche ableiten, dass sie um so mehr üben müssten, um so gut reden zu können wie Nichtredeängstliche.

Redeangst ist nicht das gleiche wie Sozialangst. Sozialangst liegt vor, wenn der Umgang mit anderen Menschen Angstgefühle auslöst; Redeangst liegt vor, wenn speziell die Redesituation angstauslösend wirkt. Diese beiden Angstformen sind nicht notwendig miteinander verbunden. Zur Vermeidung und Therapie von Sozialangst ist es wichtig, die Selbstklärung und ein positives Selbstwertgefühl der Schülerinnen zu fördern, ihre Fähigkeit zu steigern, andere unverzerrt wahrzunehmen, sowie sie zu angemessenem Sozialverhalten anzuleiten; das kann hier nicht ausgeführt werden. Die Erläuterung des Unterschieds zwischen Redeangst und Sozialangst kann im Redeunterricht zu therapeutischen Zwecken benutzt werden: Sie kann nichtsozialängstliche Schülerinnen daran erinnern, dass sie z.B. im Gespräch mit Mitschülerinnen keine Redeangst haben; das regt sie an, Redesituationen als Sonderfall von Gesprächssituationen aufzufassen und in die Nähe von nichtangstauslösenden Situationen zu stellen.

Im allgemeinen sollte die Lehrerin das Thema „Redeangst" beiläufig behandeln und den Schwerpunkt auf das Herbeiführen rhetorischer Erfolgserlebnisse ihrer Schülerinnen legen. Sie kann jedoch einmal ihre Schülerinnen über ihre Gefühle beim Reden sprechen lassen und versuchen, dabei kognitive Hilfen zum Umgang mit Redeangst einfließen zu lassen.

Eine kognitive Strategie zum Abbau von Redeangst liegt darin, diese Empfindung in zwei Komponenten zu zerlegen: 1. Erregung und 2. Angst vor Mißerfolg. Erregung vor dem Reden ist normal und sogar wünschenswert. Untersuchungen haben ergeben, dass Redeängstliche beim Redebeginn am erregtesten sind, während nicht so Redeängstliche den höchsten Gipfel der Erregung schon in der Minute vor Redebeginn haben (KRIEBEL S. 108). Daraus kann die Lehrerin die „paradoxe Intervention" ableiten, die Redeängstlichen sollten sich bemühen, möglichst schon eine Minute vor Redebeginn am aufgeregtesten zu sein.

Die Angst vor Mißerfolg ist meist übertrieben. Das Publikum ist im allgemeinen wohlwollend gegenüber Rednern. Meist bemerkt es kleinere Mängel, z.B. Versprecher, kaum oder nimmt sie nicht so schwer, wie die Rednerin fürchtet. Redeängstliche nehmen ihre Leistung oft negativer wahr als das Publikum. Auch kann man sich ab und zu, besonders als Anfängerin, eine nicht ganz gelungene Rede leisten. Zuweilen erwarten die Zuhörer geradezu eine unvollkommene Leistung. Rhetorische Unvollkommenheiten können sogar die Sympathie des Publikums steigern, wenn auch auf die Dauer nicht auf Mitleidseffekte gesetzt werden sollte.

Erfolgversprechend und nicht ungerechtfertigt ist es, die Redeangst umzuwerten und als etwas Positives darzustellen:

❐ Ohne Lampenfieber wird das Reden langweilig.

❐ In der Angst liegt ein besonderer Reiz des Redens, wie beim Bergsteigen oder Fliegen.

❐ Wenn das Publikum wahrnimmt, dass die Rednerin mit Redeangst zu kämpfen hat und sich trotz dieser Schwierigkeit mit Erfolg bemüht, ihre „Botschaft" zur Geltung zu bringen, ist für die Rednerin und die Rede mit gesteigerter Zustimmung zu rechnen.

Folgendes Cicero-Zitat eignet sich gut zur Förderung einer positiven Wertung von Redeangst:

„In meinen Augen wirken auch die, die am besten reden und es am leichtesten und wirkungsvollsten können, trotzdem, wenn sie nicht scheu das Wort ergreifen und am Beginn der Rede Zeichen von Verwirrung zeigen, beinahe unverschämt; doch das kann eigentlich gar nicht passieren. Je besser nämlich einer spricht, um so mehr fürchtet er die Schwierigkeit des Sprechens, die mannigfachen Wirkungen der Rede und die Erwartung seines Publikums." (Cicero, de oratore, 1. Buch, 119 f.)

Vielleicht kann auch folgende moralische Argumentation Redeängstliche ermutigen: Es gibt viele Leute, die gerne reden und sogar darum kämpfen, öffentlich zu Wort zu kommen. Diese Redner sind nicht immer die sachkundigsten. Wenn man selbst die besseren Argumente hat, sie aber aus Redeangst nicht äußert, ist man für die Fehlentwicklungen, die man vorausgesehen hat, mitverantwortlich.

Ebenfalls hilfreich bei der Überwindung von Redeangst ist Entspannungstraining (autogenes Training, progressive Muskelentspannung, Meditation). Ihr Nutzen in der Redesituation selbst ist jedoch gering: Das Reden erfordert einen gewissen Grad von körperlicher Anspannung. Oft ist es allerdings günstig, durch eine entspannte, gelassene Sprechweise ein Gefühl ruhiger Sicherheit auf die Zuhörer übertragen zu können. Diese Fähigkeit kann durch Entspannungstraining beim Redetraining gefördert werden. Dieses Buch enthält im Abschnitt „Sprechen nach Manuskript" einige Texte, die geeignet sind, sowohl den Sprecherinnen als auch den Zuhörerinnen einen ersten Eindruck von Möglichkeiten zu vermitteln, sich zu entspannen.

Von der Rhetoriklehrerin kann eine suggestive Wirkung ausgehen, die erheblich zur Verringerung der Angstempfindungen und zur Steigerung der Redeleistungen ihrer Schülerinnen beitragen kann. Es ist günstig, wenn sich die Lehrerin gut in ihre Schülerinnen, besonders in die redeängstlichen, einfühlen kann, ja, wenn sogar ein gewisses Maß an Identifikation von beiden Seiten entsteht. Besonders förderlich ist es, wenn die Lehrerin überzeugt ist und diese Überzeugung auch den Schülerinnen vermittelt, dass sie ihre Schülerinnen bereits für gute Rednerinnen hält, die auch noch anspruchsvollere Redesituationen meistern können als bisher.

Schließlich: Von jedem Rhetoriktraining kann ein Placebo-Effekt, eine autosuggestive Wirkung auf die Teilnehmerinnen ausgehen. Selbst wenn das Training unter fachlichen Gesichtspunkten schlecht gewesen sein sollte: Das Bewusstsein, nunmehr eine besondere Vorbereitung auf das Reden genossen zu haben, kann die Zuversicht der Schülerinnen bei realen Redesituationen steigern und ihr Angsterleben verringern.

„Sprechangst ist heilbar! Stärkere Sprechängstlichkeit im Selbsterleben und im sichtbaren Verhalten lässt sich relativ rasch reduzieren ..." (KRIEBEL S. 131). Andererseits gibt es Grenzen der Therapie. Im Limbischen System, einem der entwicklungsgeschichtlich ältesten Teile des Gehirns, können Ängste ohne jegliche bewusste Wahrnehmung gebildet werden; es gibt im Gehirn

Übermittlungswege für Gefühlsreaktionen, die nicht durch die Hirnrinde verlaufen. So ist zu erklären, weshalb Patienten, die ihre Phobie nach einer Therapie überwunden glauben, mitunter durch ein einziges schreckhaftes Erlebnis in ihre krankhafte Angst zurückstürzen. Solche „präkognitive Emotionen" können nicht durch kognitives Lernen reduziert werden (vgl. Spiegel 37/1989).

Auch aus diesem Grund ist es für Redeängstliche nicht ratsam, sich zu sagen: „Ich darf/will keine Angst haben!" Besser ist es, wenn sie sich sagen: „Ich habe zwar Angst, aber ich werde trotzdem reden." Sie können und sollten lernen, durch Redetraining und Redeerfahrung im Rahmen ihrer Möglichkeiten das Beste aus ihrer Redeangst zu machen.

Literatur zum Thema Redeangst und Sozialangst finden Sie im Literaturverzeichnis S. 161 f.

1. Übungen für den Anfang

Dieses Kapitel enthält leichte Redeübungen für Schülerinnen ab dem 5. Schuljahr. Viele der Übungen können auch für ältere Schülerinnen und Erwachsene sinnvoll sein.

Vorstellungsansprachen

Sich oder jemand anderen kurz vorzustellen ist eine rhetorische Aufgabe, die in der Praxis häufig vorkommt.

Vorstellungsansprachen können als Rollenspiele stattfinden: Jede Schülerin soll sich kurz einem gedachten Kreis von unbekannten Schülerinnen vorstellen, z.B. einer unbekannten Klasse, mit der man eine Woche gemeinsam bergwandern will. Vielleicht ermöglicht die Neubildung einer Klasse, die Aufnahme einer oder mehrerer neuer Schülerinnen in die Klasse oder Besuch, z.B. von Praktikantinnen, sogar einen realen Anlass für Vorstellungsansprachen.

Vorher werden im Klassengespräch mögliche Stichpunkte für die Vorstellungsreden gesammelt, z.B.:

❐ Vorname, Nachname
❐ Alter
❐ Herkunftsland
❐ Geschwister
❐ Wie lange und woher man jemanden kennt
❐ Welche Schule/Klasse/Beruf?
❐ Lieblingsfächer/unbeliebte Fächer
❐ Hobbys, Haustiere
❐ Charakter/Eigenschaften.

Die Schülerinnen können ihre Vorstellungsreden zunächst in Zweiergruppen proben, bevor sie sie dann vor der Klasse halten.

Bei intensivem Training können Videoaufnahmen der Vorstellungsansprachen angefertigt und besprochen werden, am besten in Blöcken zu drei bis vier. Die Sprecherinnen kommentieren selbst als erste ihre Leistungen.

In der Anfangsphase von neu konstituierten Rhetorik-Übungsgruppen können sich zwei Schülerinnen jeweils gegenseitig vorstellen. Sie bereiten diese Ansprachen in simultaner Partnerarbeit vor. So können sich die Schülerinnen bereits mit einer nach Möglichkeit selbst gewählten Partnerin bekannt machen; das hilft, die anfängliche Fremdheit in der Gruppe zu überwinden.

Auch wenn sich die Schülerinnen schon kennen, kann eine Vorstellungsübung in der Form stattfinden, dass jede Schülerin eine andere ihrer Wahl vorstellt. Wenn man das Einfühlungsvermögen der Schülerinnen fördern möchte, kann man jede Schülerin in Ich-Form in der Rolle ihrer Partnerin sprechen lassen.

Eine besonders empfehlenswerte Variante: Jeweils drei Schülerinnen stehen vor der übrigen Klasse und stellen jede jeweils eine andere aus der Dreiergruppe vor. Vor dem „Auftritt" werden die Vorstellungsreden in Dreiergruppen besprochen und geübt. – Dass die Schülerinnen jeweils zu dritt vor der Klasse stehen, wirkt dem Aufkommen von Redeangst entgegen. Sie kennen ähnliches Agieren vor der Klasse oft von Rollenspielen. Sie brauchen bei ihren Reden nicht immer Blickkontakt mit der Klasse zu halten, sondern sie können sich auch der vorgestellten Mitschülerin zuwenden und auf sie zeigen. Das reduziert die Befangenheit, und die Schülerinnen gewöhnen sich dabei an natürliche, lebhafte Mimik und Gestik beim Reden vor Publikum.

Eine weitere Möglichkeit: Jede stellt sich kurz vor, und eine andere Schülerin imitiert diese Vorstellungskurzrede einschließlich Auftreten, Mimik, Gestik und Sprechweise. Die Meldung für die einzelne Imitation erfolgt freiwillig. Am Ende sollte jede sich einmal vorgestellt und einmal eine andere Schülerin imitiert haben. Die Übung fördert das Zuhören und das Einfühlungsvermögen der Schülerinnen. Sie übt auch das Ausdrucksvermögen der „Imitatorinnen". Nach meiner Erfahrung verursacht diese Übung keine emotionalen Störungen wegen der Nachahmungen, die als Karikaturen empfunden werden könnten; im Gegenteil fördert sie das Zusammengehörigkeitsgefühl der Übungsgruppe. Bei intensivem Training kann nach der jeweiligen Imitation die Videoaufnahme der Originalansprache vorgeführt und kommentiert werden.

Die Schülerinnen sollten zunächst die Beurteilungsgesichtspunkte für ihre Kommentare ohne Vorgaben frei wählen dürfen. Erst später kann im Klassengespräch auch eine systematische Zusammenstellung von möglichen Beurteilungskriterien erarbeitet werden. Ein solches Klassengespräch könnte etwa herausstellen: Im allgemeinen sollten die Vorstellungsansprachen verständlich und so angenehm sein, dass sie die Bereitschaft der Zuhörerinnen zu weiteren Kontakten fördern. Jede Sprecherin sollte ihre Persönlichkeit und ihre Stimmungen zum Ausdruck bringen, wie sie möchte; jede sollte aber auch darauf achten, welchen Eindruck ihre Vorstellung auf die Zuhörerinnen macht, und sich fragen, ob diese Wirkung in ihrem Sinne ist.

Die Lehrerin kann sich insbesondere auf entsprechenden Wunsch der Schülerinnen ebenfalls vorstellen. Wenn sie dies schon vor den Schülerinnen als erste tut, hat ihre Vorstellungsansprache eine starke Modellwirkung: Die Schülerinnen können sich an der Rede der Lehrerin orientieren. Die Lehrerin kann ihre Vorstellungsansprache auch erst nach den ersten Ansprachen der Schülerinnen einschieben: Damit haben die Schülerinnen mehr Freiheit und Eigeninitiative, aber auch mehr Mühe bei der Gestaltung ihrer Vorstellungsreden.

Meinungen äußern

Nach einem Klassengespräch über Reden schlägt die Lehrerin Redeübungen vor. Sie äußert die Hoffnung, dass alle mitmachen. Falls eine Schülerin keine Rede halten möchte, soll sie sagen, warum sie keine Rede halten möchte. Das ist dann ihre Kurzrede. Falls sie auch das nicht möchte, braucht sie diesmal noch keine Rede zu halten.

Übungen:

1. Jede Schülerin steht auf, nennt ihren Namen und sagt, was sie am liebsten macht.

Beispiel:

„Ich bin die Claudia. Ich liege am liebsten in der Sonne und mache gar nichts."

2. Jede steht auf und sagt, welches Schulfach sie am liebsten hat und warum.

3. Jede hält vor der Klasse eine kleine Rede, ohne Zettel, höchstens fünf Sätze. Thema: Wen sollen wir einmal in die Klasse einladen? Jede kann selbst entscheiden, ob die Rede ernsthaft oder lustig sein soll – oder beides.

Beispiele:

„Bei uns auf dem Schulhof ist das Ballspielen verboten. Dabei macht uns das soviel Spaß. Vielleicht können wir nach der Schule Ball spielen. Wir sollten mal jemanden von einem Sportverein einladen und ihn fragen, ob wir das irgendwo bei seinem Verein machen können."

„Die Raumflüge schaffen ziemlich viel Unruhe im Weltall. Dazu würde ich gern die Meinung eines Experten hören. Ich meine: Wir sollten den Mann im Mond einladen und ihn fragen, was er von den Raumflügen hält."

Die Kurzreden können in Kleingruppen (drei bis vier Schülerinnen) geprobt und verbessert werden, bevor sie vor dem Klassenplenum gehalten werden.

Es können kurze Anmerkungen zu den Reden gemacht werden. Man kann auch ermitteln, welche Rede den Schülerinnen und der Lehrerin am besten gefallen hat und warum.

Der Schwerpunkt sollte aber nicht in der Analyse und Kritik der Reden liegen. Die meiste Zeit sollten die Reden selbst in Anspruch nehmen. Die Schülerinnen sollten am Schluss Zufriedenheit darüber empfinden, dass jede eine kleine Rede vor der Klasse gehalten hat, und angeregt werden, diese Zufriedenheit zu äußern.

Literatur:
BERTHOLD, SIEGWART: Übungen zur freien Rede im Deutschunterricht. In: Ehrenwirth Lehrer-Journal/Hauptschulmagazin, 5. Jg., H. 11, 1990, S. 17-21

Erzählungen

Die Lehrerin bittet die Schülerinnen, als Hausaufgaben für die nächste Stunde eine kurze, mündliche, freie Erzählung vorzubereiten. Es soll sich um eine tatsächliche Begebenheit handeln.

Die Schülerinnen sollen vor allem von eigenen Erlebnissen berichten; es können aber auch die Erlebnisse anderer Personen erzählt werden. Der Inhalt und die Art des Erzählens soll für die Mitschülerinnen möglichst unterhaltsam und spannend sein.

Bei den Erzählungen sollte im allgemeinen wenig „Theorie" getrieben werden, um die Erzählfreude der Schülerinnen nicht zu gefährden und um die Sprechsituation möglichst natürlich zu halten. Inwieweit die Erzählungen anregend wirken, zeigt sich mit hinreichender Deutlichkeit an den Reaktionen der Zuhörerinnen.

Die Lehrerin kann der Modellwirkung wegen als erste oder besser erst nach einigen Erzählungen von Schülerinnen selbst ein Erlebnis erzählen.

Nacherzählungen

Es gehört zu den alltäglichen Kommunikationsaufgaben, eine Geschichte, die man gehört hat, einem Dritten angemessen wiederzuerzählen. Nacherzählen ist also nicht „unkommunikativ".

Das Nacherzählen mündlicher Erzählungen kann man gut mit der im vorigen Abschnitt beschriebenen Übung, dem Erzählen eigener Erlebnisse, verbinden. In geeigneten Fällen, wenn die Erzählung spannend, gut aufgebaut und nicht zu lang war, kann die Lehrerin eine Schülerin bitten, die eben gehörte Erzählung nachzuerzählen. Als Zweck kann sie angeben: Rückmeldung für die Erzählerin, Verständniskontrolle und Erzählübung auch für die Nacherzählerin.

Das Nacherzählen literarischer Vorlagen kommt im Alltag selten vor, kann aber ebenfalls als Übung zur Förderung mündlicher Fertigkeiten eingesetzt werden. Der zugrunde liegende schriftliche Text erleichtert die Kontrolle, ob die Nacherzählung inhaltlich zutreffend ist, und ob der Sinn der Erzählung angemessen verstanden und wiedergegeben worden ist.

Das Nacherzählen literarischer Vorlagen kann das stilistische Repertoire der Schülerinnen erweitern. Allerdings eignen sich viele Stilmittel der Erzählliteratur, z.B. von Kleist oder Hemingway, nicht für die Übertragung in Alltags-Erzählsituationen der Schülerinnen.

Das folgende Beispiel für eine literarische Erzählung (s. S. 21) kann Schülerinnen etwa ab dem 8. Schuljahr und Erwachsenen zum Nacherzählen vorgelegt werden.

Diese Geschichte nachzuerzählen stellt gesteigerte Anforderungen ans Gedächtnis und damit an die Konzentration beim Reden. Damit werden Fähigkeiten geübt, die man auch für Sachdarstellungen und argumentative Reden braucht.

Man kann zusätzlich die Aufgabe stellen, die Geschichte etwas auszumalen. Insbesondere kann man die einzelnen Wandersleute konkretisieren (im Aussehen, im Charakter – gütig, cholerisch ...) und ihre Äußerungen dementsprechend im Sprechausdruck modifizieren.

Variante: Je drei Schülerinnen bekommen den gleichen Text, z.B. Fabeltexte. Sie sollen für das nächste Mal eine Nacherzählung der Fabeln mit eigenen Worten vorbereiten. In der nächsten Stunde werden immer je drei mündliche Fassungen der Fabeln nacheinander dargeboten und kurz besprochen, insgesamt etwa dreimal drei. Bei Gelegenheit kann die Lehrerin selbst eine Erzählversion beitragen. Die Übung hat den Vorteil, dass nur jeweils drei Schülerinnen die Texte kennen und daher die Geschichte für die anderen Zuhörerinnen im allgemeinen neu ist: Das ergibt eine realistischere Erzählsituation. Beim Vergleich der jeweils drei Fassungen stellen sich die für die konkreten Zuhörerinnen wichtigen stilistischen Erzählmerkmale heraus.

Seltsamer Spazierritt *Johann Peter Hebel (1760-1826)*

Ein Mann reitet auf seinem Esel nach Haus und lässt seinen Buben zu Fuß nebenher laufen.

Kommt ein Wanderer und sagt: „Das ist nicht recht, Vater, dass Ihr reitet und lasst Euern Sohn laufen; Ihr habt stärkere Glieder."

Da stieg der Vater vom Esel herab und ließ den Sohn reiten.

Kommt wieder ein Wandersmann und sagt: „Das ist nicht recht, Bursche, dass du reitest und lässest deinen Vater zu Fuß gehen. Du hast jüngere Beine."

Da saßen beide auf und ritten eine Strecke.

Kommt ein dritter Wandersmann und sagt: „Was ist das für ein Unverstand: zwei Kerle auf einem schwachen Tier; sollte man nicht einen Stock nehmen und euch beide hinabjagen?"

Da stiegen beide ab und gingen selbdritt zu Fuß, rechts und links der Vater und Sohn, und in der Mitte der Esel.

Kommt ein vierter Wandersmann und sagt: „Ihr seid drei kuriose Gesellen. Ist's nicht genug, wenn zwei zu Fuß gehen? Geht's nicht leichter, wenn einer von euch reitet?"

Da band der Vater dem Esel die vorderen Beine zusammen, und der Sohn band ihm die hinteren Beine zusammen, zogen einen starken Baumpfahl durch, der an der Straße stand, und trugen den Esel auf der Achsel heim.

So weit kann's kommen, wenn man es allen Leuten will recht machen.

Hervorzuheben ist die Möglichkeit, eine Erzählung aus der Perspektive einer der handelnden Personen nachzuerzählen. Das trägt zum intensiven Verständnis der Geschichte bei, bietet den Schülerinnen mehr Gelegenheit zur Eigentätigkeit und kann auch die Fähigkeit zu Empathie bei mündlicher Kommunikation fördern.

Noch höhere Anforderungen an die Kreativität stellt die Aufgabe, eine Erzählung weiterzuerzählen, z.B. Kafkas „Bericht an eine Akademie"; vgl. EGGERT, HARTMUT / RUTSCHKY, MICHAEL (Hg.): Literarisches Rollenspiel in der Schule. Heidelberg 1978.

Eine gute Übung besteht darin, eine kurze Geschichte ohne inhaltliche Änderungen rückwärts zu erzählen: Diese Aufgabe erfordert hohe Konzentration und großes sprachliches Geschick.

Ein besonderes Kapitel ist das Erzählen von Witzen. Witze zu erzählen scheint nicht allen Menschen zu „liegen". Witze passen auch unterschiedlich gut zu verschiedenen gesellschaftlichen Milieus und Situationen.

Andererseits verdient die Fähigkeit, Witze oder amüsante Anekdoten mitreißend zu erzählen, Aufmerksamkeit und Förderung. Deshalb sollten insbesondere im Deutschunterricht auch Unterrichtsstunden vorkommen, in denen die Schülerinnen Witze erzählen. Die Lehrerin kann die Schülerinnen bitten, sich darauf vorzubereiten, dass jede von ihnen in der nächsten Stunde einen oder zwei ihrer Lieblingswitze erzählen soll. Natürlich erzählt auch die Lehrerin einen ihrer Lieblingswitze.

Wie man gut Witze erzählt, lernen die Schülerinnen in erster Linie, indem sie Witze, die ihnen gefallen, hören und nacherzählen. Ob der Witz gut und gut erzählt war, zeigt sich im allgemeinen hinreichend deutlich an der Reaktion der Zuhörerinnen. Um die Qualität des Witzeerzählens zu erhöhen, kann die Lehrerin vor allem beiläufig gelungene Elemente der von Schülerinnen erzählten Witze – Aufbau, Mimik und Gestik, gelungene Imitation von Menschen und Tieren, Spannungspausen usw. – hervorheben. Ausnahmsweise kann sie auch einmal einen Witz, „gerade weil er so gut war", von der gleichen Schülerin noch einmal erzählen lassen, nachdem zunächst von einer anderen Schülerin und/oder auch einmal von der Lehrerin selbst ein Vorschlag für eine verbesserte Fassung vorgetragen worden ist. Auf keinen Fall sollte aber das Witzeerzählen in Stress ausarten; es sollte den Schülerinnen als vergnügliche, gern wiederholte Aktivität in Erinnerung bleiben.

Inhaltsangaben

Eine Zusammenfassung des Wichtigsten wird im Privat- und Berufsleben häufig verlangt. Man wird z.B. gefragt: „Worum geht es in dem Film?", „Was kam bei dem Vortrag/der Fernsehdiskussion heraus?" Man soll berichten, was es bei einer beruflichen Fortbildungstagung Neues gegeben hat. Selbst in „höchsten Kreisen" gehören Inhaltsangaben zu den Dienstaufgaben, wenn z.B. ein Referent seinem Minister in fünf Minuten einen Überblick über die für das Ministerium interessanten Pressestimmen des Morgens geben muss. Mündliche Inhaltsangaben sind also nicht lebensfremd. Sie sollten mit dem Blick auf ihre gegenwärtige und künftige Bedeutung für die Schülerinnen in den Unterricht eingefügt werden.

Mündliche Inhaltsangaben können zur Verständniskontrolle dienen. Insbesondere bieten sie eine Gelegenheit zur Übung im kognitiven Strukturieren schriftlicher Texte sowie mündlicher Äußerungen.

Schon im 5. Schuljahr (und früher) kann die Lehrerin die Schülerinnen Äußerungen von Mitschülerinnen wiedergeben lassen oder sie bitten, mündlich den Inhalt ihrer Lieblingsbücher zusammenzufassen.

Weitere Anlässe für mündliche Inhaltsangaben nach Stichworten können z.B. sein:

❏ mündliche Übungsreden von Mitschülerinnen
❏ auf Tonband oder Video aufgenommene Vorträge
❏ Ausschnitte aus Radio- und Fernsehsendungen (z.B. Nachrichten)
❏ Spielfilme
❏ kurze Gespräche, z.B. ein etwa 6 Minuten dauerndes Gespräch von etwa 6 Schülern über ein bestimmtes Thema
❏ Klassendiskussionen
❏ Fernsehdiskussionen
❏ schriftliche Informationstexte, z.B. Lexikonartikel, Fachaufsätze, Fachbücher
❏ literarische Erzählungen, Romane usw.

Eine Nachricht auf einen Anrufbeantworter sprechen

Ab 7. Schuljahr

Im hier beschriebenen Unterricht simulieren die Schülerinnen das Sprechen auf das Band oder den Chip eines Anrufbeantworters. Die Übung ist lebensnah. Sie kann dazu beitragen, etwaige Scheu vor dem Sprechen auf Anrufbeantworter abzubauen. Das bei dieser Übung simulierte monologische Sprechen in räumlicher und zeitlicher Distanz vom Adressaten fordert und übt Formulierungsgeschick und Geläufigkeit des Sprechens.

Die Lehrerin hat ein Tonbandgerät oder einen Kassettenrecorder installiert. An das Gerät kann ein Handmikrofon mit möglichst langer Zuleitung angeschlossen sein, das weitergereicht werden kann; besser ist ein Standmikrofon vor der Klasse. Tafelanschrieb: Eine Nachricht auf einen Anrufbeantworter sprechen.

Die Lehrerin fragt die Schülerinnen nach Erfahrungen mit Anrufbeantwortern. Dabei ist auch mit Stellungnahmen zu rechnen wie: „Ich spreche nicht auf Anrufbeantworter!" „Ich spreche nur auf Anrufbeantworter, wenn es wichtig ist!" „Ich komme mir blöd vor." Die Gründe für ablehnende Einstellungen der Schülerinnen zu Anrufbeantwortern werden im Klassengespräch besprochen; das sollte jedoch nicht zu dem Versuch führen, diese Einstellungen durch ausführliche Erörterungen zu „widerlegen".

Die Lehrerin bittet die Schülerinnen, sich auf eine Stunde einzulassen, in der sie das Sprechen auf Anrufbeantworter probieren oder üben können. Sie verteilt Arbeitsblätter mit drei verschiedenen Gesprächssituationen, vgl. S. 25.

Sie teilt die Klasse in drei etwa gleich große Gruppen ein. Gruppe 1 soll sich eine Mitteilung zu Situation 1 überlegen, Gruppe 2 zu Situation 2 und Gruppe 3 zu Situation 3.

Es wird kurz besprochen, was die auf Band gesprochenen Nachrichten enthalten könnten:
– Den eigenen Namen nennen;
– eventuell Datum und Uhrzeit des Anrufs angeben;
– bei der Einladung zur Fete sollten Tag, Uhrzeit und Ort der Fete klar sein.
Die Lehrerin schlägt den Schülerinnen vor, sich Gedanken und, wenn sie wollen, Notizen zu der Nachricht zu machen, die sie auf Anrufbeantworter sprechen wollen.

Nach der Vorbereitungszeit spricht die Lehrerin als erste den Ansagetext der ersten Situation. Noch lebensnäher ist es, wenn die Lehrerin Aufnahmen der jeweiligen Ansagen vorbereitet hat und sie vom Band abspielt, z.B. auf drei Tonkassetten. Unmittelbar anschließend spricht das erste Drittel der Schülerinnen nacheinander die vorbereiteten Botschaften auf Band. Bei Verwendung eines Standmikrofons vor der Klasse stellen sich alle Schülerinnen einer Gruppe zugleich im Halbkreis vor der Klasse ans Mikrofon und sprechen ihre Version der Nachricht ohne Pause hintereinander auf Band. Wenn alle Schülerinnen einer Gruppe ins Mikrofon gesprochen haben, werden die Aufnahmen hintereinander abgespielt. Die Sprecherinnen selbst, aber auch die übrigen Schülerinnen und die Lehrerin können die Nachrichten kurz kommentieren, insbesondere hinsichtlich ihrer Zweckmäßigkeit, Adressatengerechtheit und Originalität.

Entsprechend wird anhand der anderen beiden Situationen auf dem Arbeitsblatt verfahren.

Arbeitsblatt zu:

Eine Nachricht auf einen Anrufbeantworter sprechen

Situation 1:
Dein Freund Martin Müller hat heute Geburtstag. Du willst ihm gratulieren. Du rufst an. Es meldet sich der Anrufbeantworter von Familie Müller:

Hier ist der Anrufbeantworter von Familie Müller. Leider sind wir heute alle unterwegs. Wenn Sie eine Nachricht hinterlassen wollen, sprechen Sie bitte nach dem Signalton. – Piep!

Situation 2:
Du bist Martin Müller und möchtest deine Freundin Julia Schmitz zu deiner Geburtstagsfeier einladen. Du rufst an. Es meldet sich der Anrufbeantworter:

Hier ist Julia Schmitz. Du sprichst mit meinem Anrufbeantworter. Ich würde gern wissen, wer angerufen hat. Bitte sprich nach dem Piepton eine Nachricht auf das Band. – Piep!

Situation 3:
Du bist Julia Schmitz. Du hattest deinem Freund Martin Müller zugesagt, auf seine Geburtstagsfeier zu kommen, aber leider musst du aus einem wichtigen Grund absagen. Du rufst an. Es meldet sich der Anrufbeantworter von Familie Müller:

Hier ist der Anrufbeantworter von Familie Müller. Leider sind wir heute alle unterwegs. Wenn Sie eine Nachricht hinterlassen wollen, sprechen Sie bitte nach dem Signalton. – Piep!

Die Lehrerin kann die auf dem Arbeitsblatt angegebenen Situationen auch eine nach der anderen einführen, entweder nur mündlich, oder mit je einem Arbeitsblatt für jede Situation. Auch bei diesem Vorgehen sollten drei gleich große Gruppen gebildet werden, die ihre Nachrichten zu den jeweiligen Situationen nacheinander auf Band sprechen.

Es kann sich eine allgemeine Nachbesprechung der Übung und/oder eine Diskussion über Anrufbeantworter anschließen.

Möglichkeiten für schriftliche Hausaufgaben:

1. Eine Mitteilung, die du auf Anrufbeantworter sprichst. Schreib bitte zuerst auch den Ansagetext des Anrufbeantworters!
2. Vor- und Nachteile von Anrufbeantwortern auflisten.

Literatur:
BERTHOLD, SIEGWART; HILTSCHER, SIMONE; STIEGEN, SONJA: Auf einen Anrufbeantworter sprechen. Compact ab 7. Schuljahr, Deutsch. 5 bis 10 Schulmagazin 1994, 9. Jg. H. 5, S. 19 f.

Eine Klassenkassette anfertigen

Für die Anfertigung einer Klassenkassette braucht man einen Kassettenrecorder und ein Mikrofon mit langem Kabel.

Es gibt verschiedene Anlässe für die Anfertigung einer Kassette:

❐ Eine kranke Schülerin soll aufgeheitert werden, indem ihr eine Mitschülerin eine Klassenkassette ans Krankenbett mitbringt.

❐ Sie wird als Gruß an eine ehemalige Mitschülerin geschickt.

❐ Sie dient als Dokumentation der aktuellen Klasse. Zum Beispiel sagt jede Schülerin ein paar Sätze über sich; dieser Text wird nach einiger Zeit wieder abgespielt und man kann über die „alten Zeiten" und die inzwischen eingetretenen Veränderungen sprechen.

Alle Schülerinnen sollen der Reihe nach ein paar Sätze auf die Kassette sprechen. Zunächst wird im Klassengespräch eine kleine Gliederung für die Beiträge der Schülerinnen erarbeitet. Dann können die Texte zunächst in Einzelarbeit vorbereitet und dann in kleinen Gruppen besprochen und geübt werden. Schließlich werden sie nacheinander ohne Pause frei auf Kassette gesprochen. Es ist günstig, wenn die Klasse dabei im Kreis sitzt und das Mikrofon von Hand zu Hand weitergereicht wird. Vor Aufnahmebeginn kann die Lehrerin die Schülerinnen bitten, deutlich und fröhlich zu sprechen, damit es eine gute Aufnahme wird.

Am Ende der Sprechrunde wird die Aufnahme vorgespielt und kurz besprochen. Als nächstes geht es darum, wie die Kassette ihre Adressatin erreichen soll, um einen beizufügenden Brief usw.

Bei dieser Übung kommen alle Schülerinnen zu Wort. Ihre Redebeiträge sind etwa gleich lang. Die Übung kann als Einstieg in Medienrhetorik betrachtet und genutzt werden. Die Schülerinnen lernen den Umgang mit einem Mikrofon und die Anfertigung von Tondokumenten ihrer Äußerungen kennen.

Ich konnte ferner folgenden Effekt der Tonaufnahmen beobachten: Die mit dem Mikrofon dicht vor dem Mund aufgenommenen Äußerungen der Schülerinnen klingen beim Abspielen über Lautsprecher deutlicher und lauter. Auf einige Schülerinnen könnten diese Wiedergaben ihrer Äußerungen als Modell gewirkt haben: Sie sprachen anschließend in der Klasse deutlicher und lauter als sonst. Bei späteren Tonaufnahmen im Unterricht bittet die Lehrerin vor Aufnahmebeginn die Schülerinnen, die diesmal undeutlich gesprochen haben, besonders deutlich zu sprechen.

Literatur:
BERTHOLD, SIEGWART/JAROSCH, EVELYN: Methoden der Sprecherziehung im 1. Schuljahr. In: Grundschulmagazin, 7. Jg., H. 5, 1992. S. 41-44. S. 43 f.

2. Übungen für fortgeschrittene Anfängerinnen

Dieses Kapitel enthält wie das erste leichte, aber schon etwas anspruchsvollere Redeübungen für Anfängerinnen. Sie sind für Schülerinnen ab dem 7. und 8. Schuljahr gedacht, können aber auch für ältere Schülerinnen und Erwachsene nützlich sein.

Sprechen nach Manuskript

Ab 7. Schuljahr

U-förmige Sitzordnung, Rednerpult vor der Klasse.

Die Lehrerin verteilt einen Redetext und kündigt an, dass dieser Text vom Rednerpult aus wie eine Rede gesprochen werden soll.

Zunächst erfolgt eine Vorbesprechung des wünschenswerten Redeverhaltens. Im Klassengespräch könnten etwa folgende Verhaltensvorsätze gesammelt werden:

- ❏ aufrecht fest und ruhig auf beiden Füßen stehen;
- ❏ passender, möglichst freundlicher Gesichtsausdruck;
- ❏ Zuhörerinnen wenigstens ab und zu anschauen;
- ❏ deutlich und laut genug, nicht zu schnell sprechen;
- ❏ Betontes deutlich hervorheben, aber meist nur eine Hauptbetonung pro Satz;
- ❏ Pausen beim Ende von Abschnitten machen;
- ❏ die gezeigten Gefühle sollen zum Redeziel passen.

Hinweis: Es gibt verschiedene Arten, einen Text „richtig" vorzutragen, je nach Sprecherin und Deutung des Textsinnes.

Die Schülerinnen sprechen den Redetext am Rednerpult in sinnvollen Abschnitten. Nachdem der Text zwei bis drei Mal vorgetragen worden ist, kann, falls vorhanden, die Originalsprechfassung (Video, Tonkassette) vorgespielt und kurz kommentiert werden. Die ausgewählten Sprechfassungen sollten vorbildlich sein. Insbesondere, wenn keine Tonaufnahme vorhanden ist, kann auch die Lehrerin den Text vortragen. Die Schülerinnen sollen die Sprecherinnen nicht imitieren; ihnen gut erscheinende Komponenten der Originalsprechfassung (z.B. Sinngliederung, Sprechausdruck, Sprechtempo) sollen sie aber durchaus übernehmen.

Variante: Zunächst wird nur an eine Hälfte der Klasse ein Redetext verteilt, die diesen Text der anderen Hälfte der Klasse vortragen soll. Danach bekommt die andere Hälfte der Klasse einen ähnlichen Redetext oder einen anderen Ausschnitt aus der gleichen Rede und trägt ihn der ersten Hälfte vor.

Auf S. 31 ff sind einige Textvorschläge für Übungen im Sprechen nach Manuskript abgedruckt. Ein für Schülerinnen und Erwachsene gleichermaßen geeigneter Text ist z.B. die „Rede des Vampyrs" aus „Loriots Heile Welt", hier S. 31. Dazu gibt es eine Tonkassette (Deutsche Grammophon, Literatur). Dieser Text eignet sich vor allem auch für eine Übung sicheren Sprechausdrucks: Würdiger, älterer Vampir wirbt engagiert um Zustimmung und Unterstützung. Satirische Texte ermöglichen den Sprecherinnen ein freieres Experimentieren mit dem Sprechausdruck als ernsthafte.

Die beiden hier auf den S. 32 ff. abgedruckten Texte: WERNER KOCZWARA: „Was wollen uns die Liedertexte sagen?" und WENDELIN RADER: „Der Wiesenwinkel" sind Parodien von wissenschaftlichen Vorträgen aus den Bereichen Linguistik und Literaturwissenschaft. Sie haben einen direkten inhaltlichen Bezug zum Fach Deutsch und können zur spielerischen Vorbereitung auf ein geisteswissenschaftliches Studium dienen. Auch hier ermöglicht die parodistische Haltung eine leichte Übersteigerung des für wissenschaftliche Referate angemessenen Sprechausdrucks, wodurch sich vermutlich ein verstärkter Übungseffekt erzielen lässt.

Die „Lotusblumenmeditation" und der „Entspannungstext Ruhe und Schwere" (S. 35 f.) sollen in der ernst gemeinten Absicht gesprochen werden, die Zuhörerinnen wirklich ruhig und entspannt zu machen. Den Zuhörerinnen wird nahegelegt, beim Zuhören die Augen zu schließen und tatsächlich zu versuchen, sich von der Sprecherin in eine entspannte Stimmung versetzen zu lassen.

Für diejenigen, die sich nicht ernsthaft auf die Entspannungstexte einlassen wollten, kann der Text „Meditation ‚Suppenwürfel'" dazu dienen, in distanzierter, parodistischer Haltung, aber nicht weniger ausdrucksvoll, zu versuchen, sprecherisch eine entspannte, meditative Stimmung zu erzeugen.

Die Lehrerin kann Ton- oder Videoaufnahmen von geeigneten Vorbildern anfertigen oder sich besorgen und die Redetexte von den Schülerinnen sprechen und mit dem Vorbild vergleichen lassen. Um ein sicheres Auftreten zu üben, eignen sich als Vorlage besonders Reden von Personen des öffentlichen Lebens, z.B. des Bundespräsidenten. Mit Studentinnen verwende ich Auszüge aus der Rede des Rektors zur Eröffnung des akademischen Jahres. In Schulen könnte man eine Rede der Schulrektorin oder der Bürgermeisterin für eine Übung verwenden.

Die gewählten Textauszüge sollten nicht zu „schriftdeutsch" sein, damit sie sich sprachlich nicht allzu sehr von Reden ohne schriftlich fixierten Text unterscheiden; sonst könnte das Unterrichtsziel „Befähigung zum freien Reden" beeinträchtigt werden.

Andererseits kann es auch sinnvoll sein, Ausschnitte aus sprachlich schwierigen Redetexten vortragen zu lassen. Beim Unterricht über Fremdwörter und deren sicheren – auch mündlichen – Gebrauch z.B. kann man Redetexte mit vielen Fremdwörtern wählen.

Im Zusammenhang mit Projekten ist es möglich, geplante Reden von Schülerinnen, z.B. die Begrüßung eines Gastes, im Unterricht vorzubereiten. Gerade bei der Begrüßungsrede nach Manuskript kann geübt werden, geplant vom Manuskript abzuweichen und einige persönliche Worte frei zu sprechen.

Wenn es die Zeit zulässt, können Tonband- oder Videoaufnahmen von den Manuskript-Übungsreden der Schülerinnen angefertigt und besprochen werden.

Rede des Vampyrs *Loriot*

Meine Damen und Herren. Haben Sie sich schon einmal Gedanken darüber gemacht, dass es in unserem Wohlstandsstaat eine notleidende Bevölkerungsgruppe gibt, an der sogar die Reformpläne einer sozialistischen Regierung vorübergegangen sind?

Der Vampyr gehört in der Bundesrepublik zu einer Minderheit. Als Wähler ist er somit uninteressant. Noch vor wenigen Jahren in aller Munde, ist er heute nahezu in Vergessenheit geraten. Was wird für alternde oder unverschuldet in Not geratene Vampyre getan? Nichts! Im Gegenteil: wir werden unter Mißachtung des Grundgesetzes in der freien Ausübung unserer Lebensgewohnheiten vorsätzlich behindert. Es sind Fälle bekannt, in denen unbescholtene Vampyre öffentlicher Verfolgung ausgesetzt wurden, weil sie nächtlichen Straßenpassanten, in netter Form, Blut entnommen hatten. Ein gesunder Vampyr benötigt pro Nacht ein bis zwei Liter frisches Damen- oder Herrenblut. Dafür verzichtet er aber auch auf Teigwaren, Obst, Käse und Gemüse.

Durch die ablehnende Haltung der Bevölkerung greifen schwere Depressionen und Ernährunggsschäden gerade unter jugendlichen Vampyren in erschreckendem Maße um sich. Allein in Rheinland-Pfalz waren im Jahre 1970 mehr als 2 000 Vampyre zwischen zwei- und dreihundert Jahren bettlägerig.

Was ist das für ein Staat, der in jedem Jahr Milliarden für die Rüstung ausgibt und keinen Tropfen Blut für seine Vampyre übrig hat. Da stimmt doch was nicht!

Es ist kurz vor 12. Wir wenden uns an die Öffentlichkeit. Wer spendet Blut, Särge, warme Decken und Zahnersatz? Wer nimmt junge Vampyre in den Ferien auf? Wer schnell hilft, hilft doppelt. Geldspenden erbeten auf Postscheckkonto Baden-Baden 22648.

Der Wiesenwinkel *Wendelin Rader*

In unserer Reihe „Poesie für alle" meldet sich nun Wendelin Rader alias Professor Günther P. Tazio zu Wort:

Tja, meine Damen und Herren, heute wollen wir uns nun mit Christian Morgensterns berühmtem Gedicht „Drei Hasen" beschäftigen, genauer gesagt: mit der ersten Strophe, die Sie ja gewiß alle kennen:

> Drei Hasen tanzen im Mondenschein
> im Wiesenwinkel am See.
> Der eine ist ein Löwe,
> der andre eine Möwe,
> der dritte ist ein Reh.

Nun: „Drei Hasen tanzen im Mondenschein" – an sich nichts Außergewöhnliches – auf den ersten Blick.

Aber legen wir doch den poetischen Winkelmesser einmal genauer an: Warum heißt es nicht: „ZWEI Hasen tanzen im Mondenschein", so werden Sie zu Recht fragen – oder: „Drei Hasen tanzen im SONNENschein"?

Auf beide Varianten verzichtet der Dichter – und das hat ganz sicher seinen Grund, einen Wiesengrund sozusagen:

> Drei Hasen tanzen im Mondenschein
> im WIESENwinkel am See.

Und hier wird eins überdeutlich: das Hasige als Symbol für die Anonymität menschlichen Daseins. Ich erinnere an dieser Stelle an des Volkes Mundes Stimme: „Mein Name ist Hase".

> Der eine ist ein Löwe,
> der andre eine Möwe,
> der dritte ist ein Reh.

Das ist eine Überraschung! Wieso, fragen wir uns, ist der eine Hase ein Löwe, der andre eine Möwe, der dritte ein Reh? Und warum sind nicht alle drei - Löwen, was ja viel näher läge?

Und die entscheidende Frage scheint mir doch zu sein: Warum ist der dritte Hase kein Krokodil?

Gehen wir den Dingen auf die Spur! Versuchen wir's doch:

> Drei Hasen tanzen im Mondenschein
> im Wiesenwinkel am See.

Der eine ist ein Löwe,
der andre eine Möwe,
der dritte ist ein KROKODIL.

Und wir hören es sofort: Da stimmt etwas nicht! Wir benötigen eine poetische Korrektur:

Drei Hasen tanzen im Mondenschein
im Wiesenwinkel am NIL.
Der eine ist ein Löwe,
der andre eine Möwe,
der dritte ist ein Krokodil.

Jaaa – jetzt paßt es, jedoch: die ganze Angelegenheit ist von Grund auf und in sich nicht mehr stimmig, denn der Wiesenwinkel liegt nun einmal bekanntermaßen nicht am NIL, sondern am SEE!

Und daraus folgt nun offensichtlich und ganz notwendig, dass der dritte Hase ein Reh sein MUSS!

Quod erat demonstrandum! – Jaa – so mathematisch klar ist Poesie, meine Damen und Herren, man muss sich nur Mühe geben!

Das im Text von WENDELIN RADER angesprochene Gedicht von Christian Morgenstern (1871-1914) lautet:
als Löwe, Möwe und Reh.

Drei Hasen
Eine groteske Ballade

Drei Hasen tanzen im Mondschein
im Wiesenwinkel am See:
Der eine ist ein Löwe,
der andre eine Möwe,
der dritte ist ein Reh.

Wer fragt, der ist gerichtet,
hier wird nicht kommentiert,
hier wird an sich gedichtet;
doch fühlst du dich verpflichtet,

erheb sie ins Geviert,
und füge dazu den Purzel
von einem Purzelbaum,
und zieh aus dem Ganzen
die Wurzel
und trum den Extrakt als Traum.

Dann wirst du die Hasen sehen
im Wiesenwinkel am See,
wie sie auf silbernen Zehen
im Mond sich wunderlich drehen

Was wollen uns die Liedertexte sagen? *Werner Koczwara*

„Wir versaufen unser Oma ihr klein Häuschen". Fraglos ein sehr gelunge-
ner Satz, doch beginnen wir unsere grammatischen Betrachtungen bei
dem einleitenden Personalpronomen „Wir". Was sagt es uns? Nun, ich
denke, es will uns sagen, dass es nicht einer allein ist, der hier einer zielge-
richteten Handlung nachgeht, sondern gleich mehrere. Wieviel genau es
sind, die sich hier zum gemeinschaftlichen Handeln zusammengefunden
haben, erfahren wir leider nicht, doch dafür wird das darauffolgende Verb
überraschend konkret. Wir „versaufen" heißt es dort, womit jedoch kei-
nesfalls gemeint ist, dass hier jemand am Ertrinken ist.

Vielmehr wird hier etwas versoffen, und zwar ein kleines Häuschen. Wir
haben es also mit der Leidensform zu tun, und dies insbesondere aus der
Sicht der handlungsunfähig im hinteren Satzbereich platzierten „Oma". Ihr
kleines Häuschen wird also versoffen, denn das kurze Wörtchen „ihr" re-
gelt bei aller Unauffälligkeit die Besitzverhältnisse unmissverständlich: das
kleine Häuschen, das hier zum Verkauf ansteht, wird fraglos von der
Großmutter der versammelten Truppe besessen. Dass diese Truppe sich
trotzdem anschickt, fremdes Kapital in die einmal gewählte Tätigkeit ein-
zubringen, deutet auf ein mit Bedacht geplantes Vorhaben hin. Es liegt nahe
zu mutmaßen, dass die Meute mit dem konkreten Vorsatz zusammenge-
treten ist: „Wir werden unser Oma ihr klein Häuschen versaufen", mithin
eine ins Futur gerichtete Willensäußerung, die nun endlich zur Verwirkli-
chung gelangt.

Über das im Zentrum des Geschehens stehende Häuschen erfahren wir
wenig, außer dass es klein ist, ebenso bleiben wir im Unklaren über seinen
effektiven Wert, der aber immerhin groß genug sein muss, einer mehrköp-
figen Gruppe dem dienen zu können, was unter dem Verb „versaufen"
zum Ausdruck kommt.

Wer aber ist nun diese verschworene Gemeinschaft? Unser Satz lässt diese Frage nur scheinbar unbeantwortet, denn ausgehend von der „Oma"
und eingedenk des verräterischen „wir" reißt das Possessivpronomen
„unser" der Versammlung schonungslos die Maske vom Gesicht: hier versaufen die Enkel ihrer Oma ihr klein Häuschen. Brüder, Väter, Nichten,
Onkel, Tanten und insbesondere Großmütter sind von dem Ereignis mithin definitiv ausgeschlossen, wenngleich damit nicht gesagt ist – und damit
möchte ich meine Betrachtungen schließen – wenngleich damit nicht gesagt ist, dass es diesen Menschen damit unmöglich gemacht wäre, sich in
vergleichbarer Weise ähnlichen Immobilien zu widmen.

Lotusblumenmeditation *Maureen Murdock*

Alter: drei Jahre und darüber
Übungsdauer: fünf Minuten
Schließt die Augen und konzentriert euch auf euer Herz oder auf den Bereich in der Mitte eurer Brust. Stellt euch dort eine geschlossene Lotusblume mit goldenen Blütenblättern vor. Ihr atmet in euer Herz ein, und die Energie aus eurem Herzen öffnet langsam die Blütenblätter der Lotusblume (Pause). Aus der Mitte der Lotusblume strahlt ein wunderschönes blaues Licht. Ihr habt all die Zeit, die ihr braucht, um eure Blume ganz zu öffnen. (Eine Minute Pause) Während sich die Lotusblume immer weiter öffnet, dehnt sich das blaue Licht aus und erfüllt euch mit Energie und Licht. (Eine Minute Pause) Seht, wie das blaue Licht aus eurem Herzen sich mit dem blauen Licht aus den Herzen aller, die hier sind, verbindet. (Pause) Laßt dieses Bild jetzt fallen, achtet darauf, wie ihr euch fühlt, und öffnet langsam die Augen. Ihr seid jetzt hellwach und doch ganz entspannt.

Entspannungstext *Ruhe und Schwere* *Sabine Friedrich/*
Volker Friebel

Gesprochen mit ruhiger und monotoner, deutlicher, aber nicht zu lauter Stimme.

„Deine Arme werden jetzt ganz ruhig, und deine Beine werden ganz ruhig. Dein Gesicht wird ruhig, und deine Augen werden ganz ruhig. Die Augenlider werden schwer, ganz schwer, so schwer wie Blei, sie werden bleischwer.

Und du lässt dich treiben, immer weiter treiben, immer tiefer in die Ruhe und in die Entspannung hinein, einfach treiben, weiter treiben, ganz ruhig und entspannt.

Deine Arme werden jetzt schwer, ganz schwer. Die Oberarme werden schwer, ganz schwer, und die Unterarme werden schwer, ganz schwer, und deine Hände werden schwer, ganz schwer. Deine Arme werden immer schwerer und schwerer.

Und du lässt dich treiben, immer weiter treiben, immer tiefer in die Ruhe und in die Entspannung hinein, einfach treiben, weiter treiben, ganz ruhig und entspannt.

Deine Beine werden jetzt schwer, ganz schwer. Die Oberschenkel werden schwer, ganz schwer, und die Waden werden schwer, ganz schwer, und die Füße werden schwer, ganz schwer.

Arme und Beine werden immer schwerer und schwerer, bleischwer.

Und du lässt dich treiben, immer weiter treiben, immer tiefer in die Ruhe und in die Entspannung hinein, einfach treiben, weiter treiben, ganz ruhig und entspannt."

Meditation „Suppenwürfel" *Lisa Moorwessel*

Heute bin ich ein Suppenwürfel. Schwerelos gleite ich durch das warme Wasser. Gleichmäßig bewegt der Kochlöffel meinen Körper. Ich fühle mich leicht. Mir ist warm. Die Wärme erfüllt mein Zentrum. Die Erinnerung an die gepreßte Enge der Würfelform verblaßt. Ich spüre den Wandel in mir. Ich werde weich, ich werde rund. Ich bin gelöst, ich löse mich auf. Ich verströme mein salziges Sein. Ich werde ein Teil der Hühnerbrühe. Ich, der Suppenwürfel.

Informationen vermitteln: Zeichnungsanweisungen geben

Ab 8. Schuljahr

Ziel der folgenden Redeübung ist eine geordnete, wohldosierte, einfache und anregende Informationsvermittlung. Die Schülerinnen üben, frei nach einem Stichwortzettel vor einer Gruppe zu sprechen und sich dabei im Raum zu bewegen.

Die Schülerinnen sitzen an Tischen, die in U-Form aufgestellt sind. Die Lehrerin kündigt ein Redespiel an: Die Schülerinnen sollen die anderen zum Zeichnen einfacher geometrischer Figuren anleiten. Sie macht es selbst an einem Beispiel vor. Sie verteilt leere Blätter im halben Schreibmaschinenpapierformat (DIN A5) und gibt folgende Zeichnungsanweisung:

„Die Zeichnung, die am Schluss auf euren Blättern zu sehen sein soll, sieht aus wie ein Kirchturm oder eine Bleistiftspitze.

Legt bitte das Blatt im Querformat vor euch hin. Das Blatt soll jetzt in drei gleich breite, waagerechte Streifen gefaltet werden. Man kann es so machen, wie man auch Briefe faltet: Erst die beiden unteren Ecken des Blattes anfassen und von unten nach Augenmaß ein Drittel des Blattes abfalten, dann von oben ein Drittel abfalten; dann ist der waagerechte Mittelstreifen ebenfalls ein Drittel. Faltet das Blatt wieder auf. Es ist jetzt also in drei gleich breite, waagerechte Streifen aufgeteilt.

Jetzt wird das Blatt durch Falten in der anderen Richtung halbiert, d. h. die neue Faltlinie verläuft senkrecht zu den vorherigen beiden und ist auch kürzer.

Legt jetzt das Blatt im Hochformat vor euch hin. Zieht mit dem Bleistift oder Kuli die beiden senkrechten Faltlinien nach – aber nur von der Blattunterkante bis zur waagerechten Mittelfaltlinie.

Markiert jetzt den Mittelpunkt des Blattrandes ganz oben, durch Falten oder nach Augenmaß. Verbindet bitte diesen Punkt mit den Endpunkten der beiden Senkrechten, die ihr eben nachgezogen habt, an der Mittellinie. Damit müsste der ‚Kirchturm' fertig sein. Danke!"

Während der Anweisungen achtet die Lehrerin auf den Fortgang des Werkes bei den Schülerinnen und korrigiert eventuelle Missverständnisse, aber nur verbal. Am Schluss zeigt sie die Zeichnungsvorlage vor, macht einen Rundgang und zählt die richtigen oder falschen Reproduktionen. (Die hier gegebene Anweisung gehört zu Zeichnung 1, S. 39)

Dann bekommt jede Schülerin in einem Briefumschlag eine Zeichnung aus-gehändigt; sie darf sie den anderen nicht zeigen. Jede soll zur nächsten Stunde eine Zeichnungsanweisung für ihre Zeichnung vorbereiten. Die Anweisungen sollen einfach und kurz sein. Die Schülerinnen sollen sich darum bemühen, dass möglichst alle Mitschülerinnen die richtige Zeichnung produzieren. Das soll durch Umhergehen im Raum und Kontrolle der Zeichnungen nach je-dem Schritt erreicht werden.

Auf den Seiten 39 ff. finden Sie verkleinerte Beispiele für Zeichnungsvorla-gen; für die Praxis empfiehlt sich DIN A5-Format. Die Zeichnungen sind so angelegt, dass ihre Punkte und Strecken durch Halbieren, Dritteln und Vier-teln der Blattfläche bestimmt werden können. Das lässt sich ohne weitere Hilfsmittel durch Falten der Blätter bewerkstelligen.

Je jünger und ungeübter die Schülerinnen sind, desto einfacher sollten die Zeichnungen sein. Für 14-Jährige sind Zeichnungen zu empfehlen, die nur aus drei Linien bestehen.

Hier noch zwei Beispiele für Zeichnungsanweisungen; das erste bezieht sich auf die Zeichnung Nr. 9, S. 41, das zweite auf die Nr. 13, S. 42.

„Die Zeichnung, die zum Schluss auf euren Blättern zu sehen sein soll, sieht aus wie Windmühlenflügel.

Bitte drittelt das Blatt durch Falten sowohl im Hoch- als auch im Querformat. Faltet das Blatt wieder auf.

Markiert jetzt den Mittelpunkt des Blattes. Diesen Mittelpunkt verbindet ihr mit den acht Punkten, an denen die Faltlinien auf den Blattrand stoßen.

Jetzt braucht ihr nur noch die beiden den Ecken jeweils am nächsten liegenden Punkte so zu verbinden, dass quasi die vier Ecken durch die vier Linien abge-schnitten werden.

Und fertig ist die Windmühle. Danke!"

„Die Zeichnung stellt ein Haus dar.

Teilt bitte das Blatt durch Falten sowohl im Hoch- wie im Querformat in jeweils vier gleich breite Streifen. Ihr bekommt dann insgesamt 16 gleiche Rechtecke.

Vier davon bilden in der Mitte des Blattes ein großes Rechteck. Zieht dieses bitte nach.

Legt jetzt das Blatt im Querformat vor euch hin. Markiert bitte den Mittelpunkt des oberen Blattrandes. Verbindet diesen Punkt mit den beiden oberen Eckpunk-ten des nachgezogenen Rechtecks; das ist das Dach des Hauses.

Die Zeichnung ist fertig. Vielen Dank!"

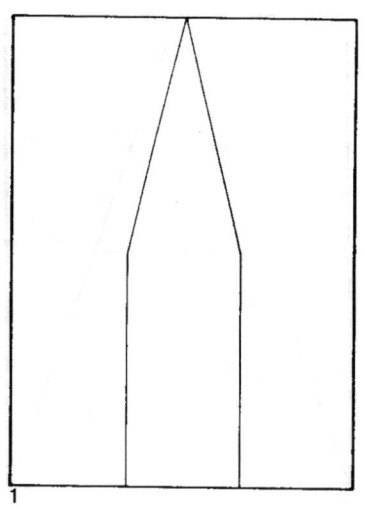

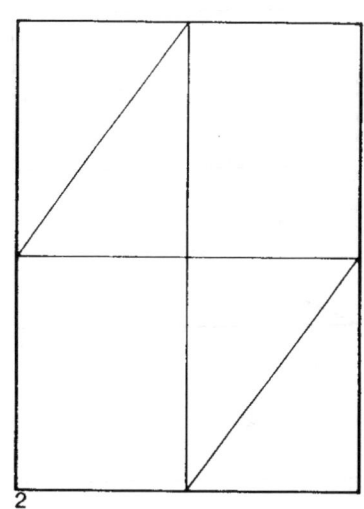

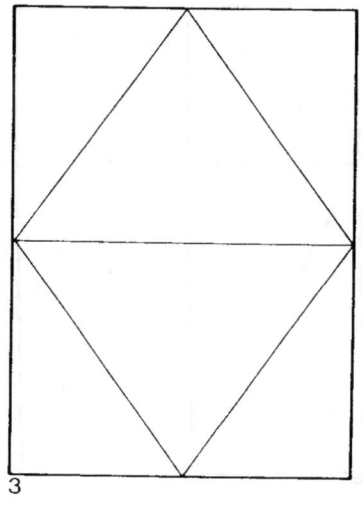

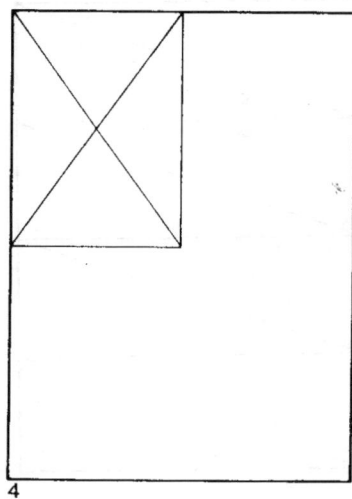

39

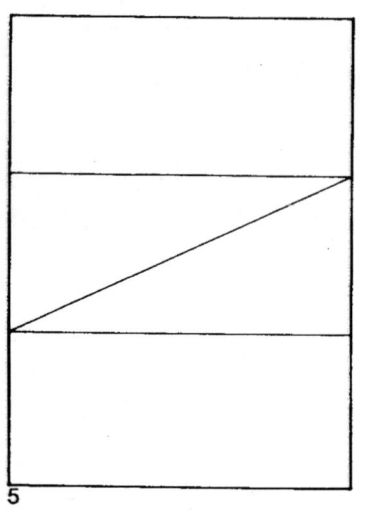

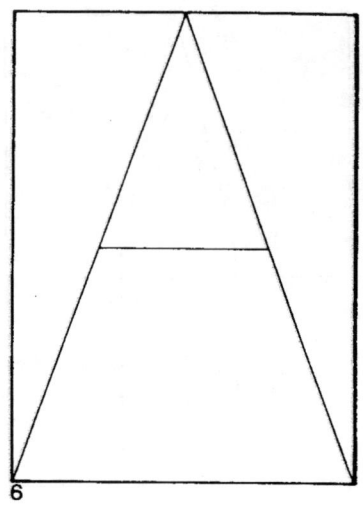

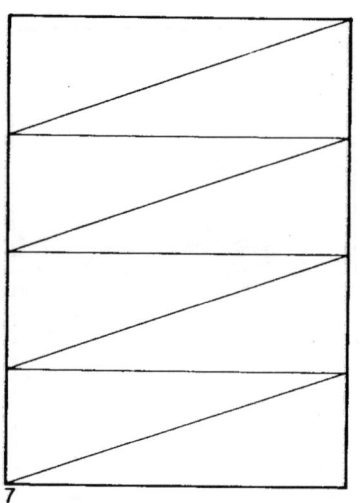

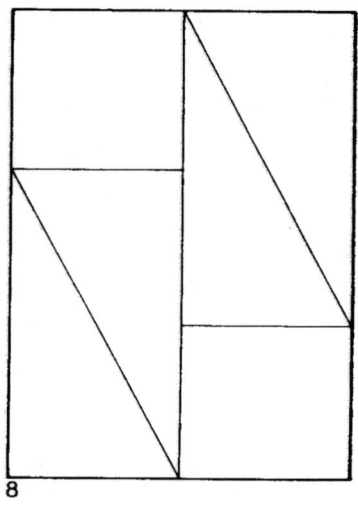

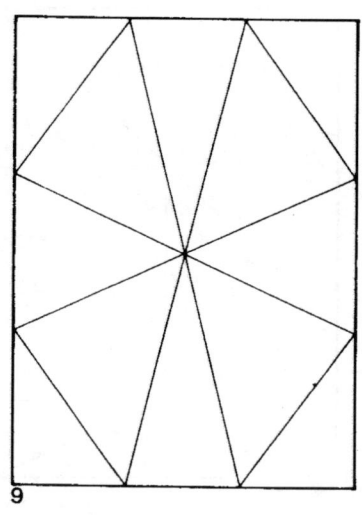

9

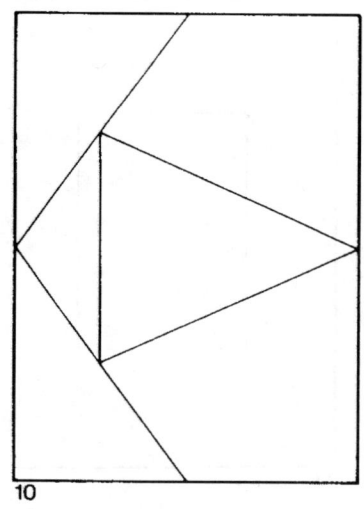

10

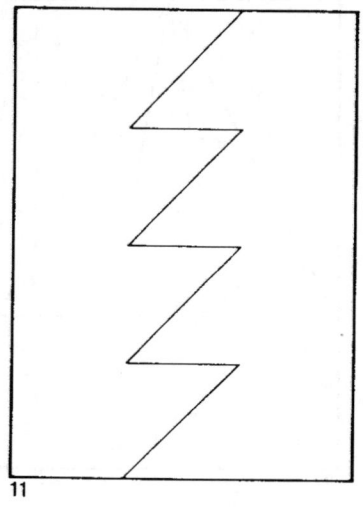

11

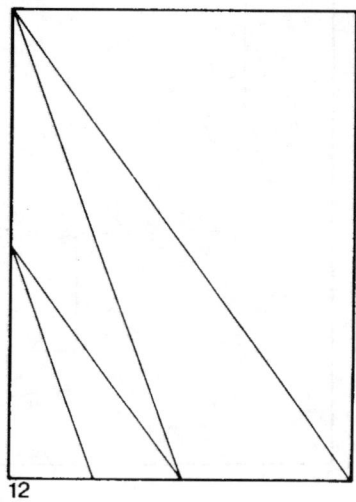

12

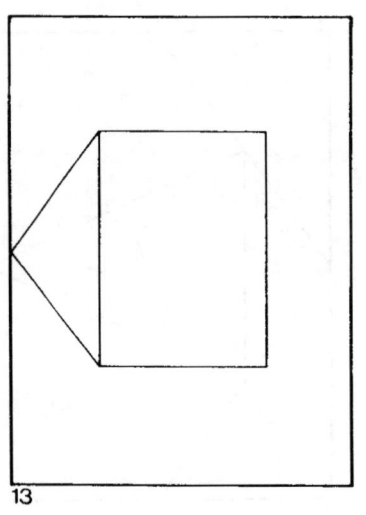

13

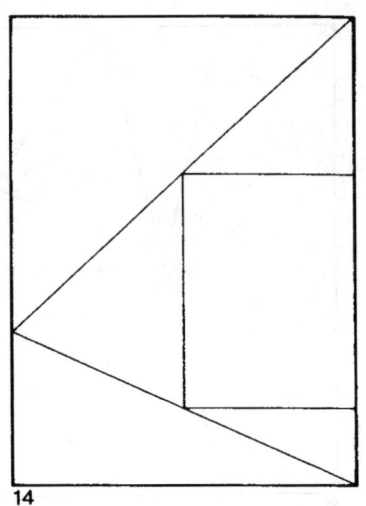

14

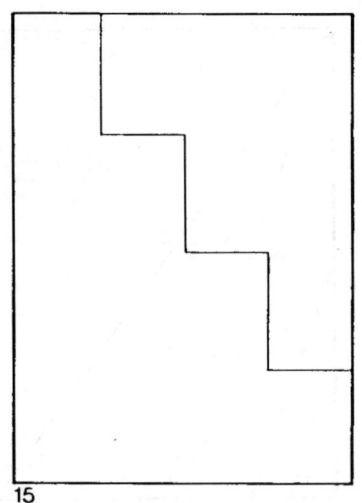

15

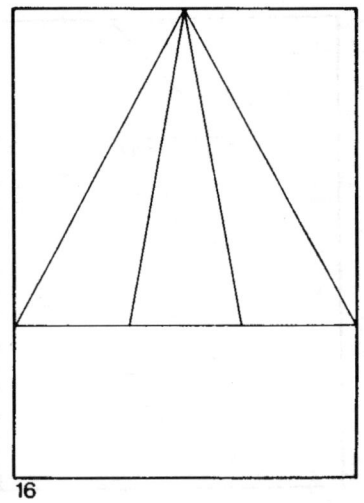

16

42

Die Lehrerin sollte die Verteilung der nummerierten Briefumschläge mit den Zeichnungen so steuern, dass als erste eine recht gute Schülerin mit einer leichten Zeichnung drankommt, dann die weniger Redegewandten mit leichten Zeichnungen und danach auch gute Rednerinnen mit schwierigeren Zeichnungen.

In den nächsten Übungsstunden leiten die Schülerinnen in der Reihenfolge der auf den Umschlägen stehenden Nummern die anderen zur Reproduktion der Zeichnungsvorlage an. Rückfragen von Zuhörerinnen sind erlaubt.

Es ist besser, wenn viele Schülerinnen mit einfachen Zeichnungen und kurzen Zeichnungsanweisungen zu Wort kommen, als dass sich öfters Rednerinnen bei schwierigen Zeichnungen verhaspeln und lange brauchen, ohne dass die von ihnen angeleiteten Schülerinnen die angestrebten Zeichnungen in zufriedenstellender Anzahl zuwege bringen.

Es sollten etwa zweimal je sechs Zeichnungsanweisungen hintereinander erfolgen. Mehr als zwölf insgesamt könnten langweilig werden. Bei größeren Klassen kommen nicht alle dran; das sollte im weiteren Verlauf des Unterrichts ausgeglichen werden.

Die Übung ist darauf angelegt, aktiven Zuhörerkontakt beim Sprechen zu fördern: Blick auf die Reproduktionen der Zuhörerinnen, Anpassung des Sprechens an die Aktivitäten der Zuhörerinnen und Ansprechen einzelner Mitschülerinnen. Die Sprecherinnen können von Satz zu Satz die Wirkung ihrer Worte bei den Zuhörerinnen beobachten und darauf reagieren.

Nach den Zeichnungsanweisungen folgt jeweils eine kurze Nachbesprechung. Im Vordergrund steht dabei die Zweckmäßigkeit des gewählten Vorgehens für die Zeichnungsanleitungen. Die Lehrerin sollte nur kurz in Form von Verbesserungsanregungen zu den Leistungen der Schülerinnen Stellung nehmen und hauptsächlich die Bewältigung der gestellten rhetorischen Aufgabe positiv hervorheben. Es braucht keine ausführliche Bewertung der rhetorischen Leistung durch die Lehrerin zu erfolgen: Sie wird aus der Zahl der richtigen Zeichnungen, der in Anspruch genommenen Zeit und den Rückmeldungen der Mitschülerinnen ersichtlich.

Die Lehrerin kann u. a. die Verwendung der Begriffe „Hochformat" und „Querformat" empfehlen, da das Wort „Längsformat" erfahrungsgemäß verschieden verstanden wird. Förderlich können z.B. auch die Hinweise sein: Man sollte eine Strecke von einem Punkt (und nicht etwa „vom Blattrand") zu einem zweiten ziehen lassen. Man sollte nicht „der" Blattrand sagen, wenn auch noch ein zweiter oder mehrere gemeint sein könnten.

Die Hauptaufgabe besteht für die Schülerinnen in der kognitiven Vorbereitung ihrer Anleitungen. Die auf einen Blick zu erfassende Zeichnung muss in eine Reihe zeitlich aufeinander folgender sprachlicher Zeichen umgesetzt werden. Man kann dabei umständlich, aber auch einfach vorgehen. Es kommt darauf an, eine möglichst kleine Zahl zweckmäßiger Arbeitsschritte zu finden. – Nicht größtmögliche Kürze des Textes ist am besten. Vielmehr braucht man ein gewisses Maß an Redundanz, also an sprachlichen und inhaltlichen Wiederholungen, teils um den Sprechtext auf den Fortgang des Faltens und Zeichnens abzustimmen, teils auch, um den Zuhörerinnen eine Kontrollmöglichkeit und Bestätigung dafür zu geben, dass sie das vorher Gesagte richtig verstanden haben.

Auch die zuhörenden Schülerinnen langweilen sich im allgemeinen bei dieser Übung nicht so schnell. Sie sind manuell tätig, und das allmähliche Verfertigen der Zeichnungen erzeugt eine gewisse Spannung. Sie üben bei diesem Redespiel konzentriertes Zuhören. Sie können sich selbst daraufhin beobachten, inwieweit sie den Anweisungstext richtig verstehen und inwieweit sie ihre Erwartungen in den Redetext projizieren, eventuelle Lücken der Anweisungen selbst – zutreffend oder unzutreffend – ergänzen oder (vermeintliche) Fehler korrigieren. Wenn eine Schülerin erheblich häufiger als die anderen die angestrebte Zeichnung nicht zuwege bringt, hat sie ein Hörverstehensproblem; dessen Ursachen und etwaigen Therapiemöglichkeiten sollte individuell nachgegangen werden.

Bei dieser Übung können auch einmal die Schülerinnen und nicht wie sonst meist nur die Lehrerin im Unterricht Anweisungen geben.

Dieses Redespiel motiviert die Schülerinnen stark zur Mitarbeit. Oft üben sie die Zeichnungsanweisungen mit Familienangehörigen und Bekannten.

Es ist eine gute Vorbereitung für andere Handlungsanleitungen, z.B. Gebrauchsanweisungen oder Wegbeschreibungen. Es stellt auch eine gute Vorübung für die Aufgabe dar, Sachverhalte und Argumentationen sprachlich darzustellen.

In dieser Form stammt diese Übung von mir. Ich habe sie in einem Referat am 10. 10. 1974 auf der 6. Jahrestagung der Gesellschaft für Angewandte Linguistik in Stuttgart erstmals öffentlich vorgestellt.

Literatur:
REHM, WOLFGANG: Gesprächs- und Redepädagogik. Kastellaun: Henn 1976. S. 28-34
BERTHOLD, SIEGWART: Ein Redespiel zur Förderung des freien Sprechens. In: Der Deutschunterricht, 30. Jg., H. 1, 1978, S. 110-114
BERTHOLD, SIEGWART: Methoden der Anleitung zum verständlichen Reden. In: Praxis Deutsch, H. 33, Jan. 1979, S. 45-47
WAGNER, ROLAND W.: Zeichnen und Sprechen. In: Sprechen, 1. Jg., H. 1, März 1983, S. 32-39
BERTHOLD, SIEGWART: Hörverstehensübungen. In: Sprechen, 1. Jg., H. 2, Okt. 1983, S. 17-23
BERTHOLD, SIEGWART: Anleitung zum verständlichen mündlichen Informieren. In: BEHME, HELMA (Hg.): Angewandte Sprechwissenschaft. Interdisziplinäre Beiträge zur mündlichen Kommunikation (= Zeitschrift für Dialektologie und Linguistik, Beiheft 59). Stuttgart 1988. S. 57-75
BERTHOLD, SIEGWART: Übungen zur freien Rede im Deutschunterricht. In: Ehrenwirth Lehrer-Journal/Hauptschulmagazin, 5. Jg., H. 11, 1990, S. 17-21

Zusatzübung: Ein Dreieck zeichnen lassen

An die „Zeichnungsanweisungen" kann sich die folgende spielerische, aber lehrreiche Übung anschließen.

Die Lehrerin erklärt:

„Ihr sollt jetzt versuchen, mich anzuleiten, ein Dreieck, und nicht mehr, auf die Tafel zu zeichnen, ohne dabei das Wort ‚Dreieck' zu benutzen. Ich tue alles, was ihr sagt, aber ich behaupte: Es wird trotzdem kein Dreieck. Sobald die Zeichnung kein Dreieck mehr werden kann, oder wenn ihr das Wort ‚Dreieck' benutzt, habt ihr verloren."

Die Schülerinnen bekommen nacheinander je einen Versuch.

Einige Möglichkeiten für die Lehrerin, die Anweisungen der Schülerinnen zu sabotieren:

- ❏ *„Zeichnen Sie drei Punkte auf die Tafel!"* Die Lehrerin markiert drei Punkte, die auf einer Geraden liegen, insbesondere am Tafelrand.
- ❏ Wenn drei Punkte markiert sind, die nicht auf einer Geraden liegen: *„Verbinden Sie die Punkte mit einer Linie!"* Die Lehrerin zeichnet eine krumme Linie, einen Kreisbogen oder sogar einen Kreis.
- ❏ *„Verbinden Sie die drei Punkte mit Geraden!"* Die Lehrerin zeichnet die Geraden jeweils über die Punkte hinaus bis an den Tafelrand.
- ❏ *„Zeichnen Sie drei Strecken, die sich in den Anfangs- und Endpunkten berühren!"* Die Lehrerin zeichnet drei gleiche Strecken übereinander.

Die Übung kann bewusst machen, wie mehrdeutig sprachliche Äußerungen sind, wie sehr das Verstehen auf gleiche Bedeutungs- und Zielvorstellungen bei Sprecher und Hörer angewiesen ist, und dass man die Mehrdeutigkeit sprachlicher Äußerungen manipulativ einsetzen kann.

Literatur:

WEIDENMANN, BERND: Diskussionstraining. (Stuttgart 1973) Reinbek 1975 (= rororo-TB 6922) S. 100 f. (Unter Hinweis auf Irving J. Lee und Laura L. Lee: Handling Barriers in Communication.)

Fünfsatzübungen

Ab 8. Schuljahr

Die Schülerinnen werden aufgefordert, kurze mündliche Äußerungen nach vorgegebenen Strukturen zu entwerfen und vorzutragen. In der strengsten Form besteht eine Fünfsatzäußerung aus fünf Hauptsätzen; es können aber auch vier oder sechs Sätze sein, und es können und sollten auch Satzgefüge zugelassen werden. Die Hauptsache besteht bei dieser Übung darin, dass die Schülerinnen lernen, komplexe Äußerungen aktiv kognitiv zu strukturieren.

Dreiergliederung

Als erstes Fünfsatzschema führt die Lehrerin das folgende ein:

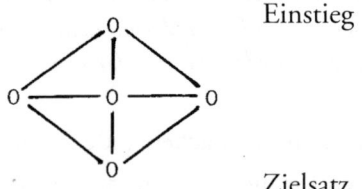

Einstieg

Zielsatz

Sie erläutert:

„Dies ist ein Fünfsatzschema. Ihr sollt jetzt nach diesem Schema Kurzreden halten. Die Reden sollen aus fünf Sätzen bestehen. Der erste Satz ist ein Einstiegsatz; er kann z.B. an die Situation anknüpfen. Dann folgen drei nebengeordnete Sätze, die alle auf den fünften, den Zielsatz, hinführen. Dieser fünfte Satz ist der wichtigste; man sollte ihn sich als ersten überlegen."

Die Lehrerin kann noch folgende Hinweise geben: Das Dreierschema eignet sich gut als Modell für die Strukturierung von Diskussionsbeiträgen. In der Praxis ist es häufig möglich und empfehlenswert, einen Diskussionsbeitrag oder eine Rede nach den drei wichtigsten Aspekten eines Themas oder nach den drei wichtigsten Gründen für einen Vorschlag zu gliedern.

Wichtige dreiteilige Gliederungsmöglichkeiten:

- ❑ gestern – heute – morgen;
- ❑ Sprecher – Text – Hörer;
- ❑ denken – bewerten – handeln;
- ❑ Ist-Zustand – Soll-Zustand – Weg vom Ist- zum Soll-Zustand.

Die Lehrerin gibt zwei Beispiele für Fünfsätze nach dem vorgestellten Schema:

1. Was braucht man für ein gutes Bier?
Der Hopfen dafür muss gut sein.
Das Malz muss ebenfalls gut sein.
Besonders wichtig ist das Wasser.
Wenn man diese drei Ausgangsmaterialien hat, hat man eine gute Chance, gutes Bier zu brauen.

2. Der starke Autoverkehr in unserem Wohnviertel ist ein großes Problem.
Die Autos machen Lärm.
Sie verpesten die Luft.
Vor allem gefährden sie die Gesundheit und das Leben unserer Kinder.
Deswegen sollte endlich mit dem Bau der Umgehungsstraße begonnen werden.

Die Schülerinnen sollen sich jetzt jede einen ähnlichen Fünfsatz zu einem selbstgewählten Thema ausdenken. Wenn alle einen Fünfsatz parat haben, werden die Fünfsätze vorgetragen.

Hier eine Folge von methodischen Möglichkeiten für Fünfsatzübungen:

1. Die Kurzreden der Schülerinnen werden zunächst in Dreiergruppen geprobt, besprochen, verbessert und erst dann im Plenum vorgetragen.

2. Zunächst äußern sich die Schülerinnen in selbstgewählter Reihenfolge zu selbstgewählten Themen.

3. Dann sprechen sie der Reihe nach zu selbstgewählten Themen.

4. Dann sprechen sie der Reihe nach nur zu einem Thema (z.B. Tempo 100).

5. Zusatzbedingung: Der Fünfsatz soll spontan an die Vorrednerin anschließen.

6. Die Lehrerin trägt eine argumentative Kurzrede in Anlehnung an das Fünfsatzschema vor; die Schülerinnen entwerfen Stellungnahmen dazu in entsprechender Form (vgl. „Der Preis der Katze" S. 93 f.).

7. Eine Schülerin wird gebeten, den Fünfsatz einer Mitschülerin möglichst genau zu wiederholen. Das ist ein Zuhörtraining und kann die Aufmerksamkeit für die im Kurs gehaltenen Fünfsatzreden erhöhen. Die Rednerin, deren Fünfsatz wiederholt wird, kann aus Abweichungen oder nicht gelungenen Wiederholungen die Motivation und Anhaltspunkte für besseres Formulieren ziehen. Schließlich: Die Wiederholung der Fünfsatzrede ist auch eine Übungsrede. Deshalb sollte die Lehrerin zunächst besonders gut gelungene Fünfsatzreden wiederholen lassen.

8. Die Kurzreden werden zu einem Stichwort auf einer von der Lehrerin ausgehändigten Stichwortkarte gehalten. Variante: Die Schülerinnen bekommen drei Stichwortkarten und wählen eine davon für ihre Kurzreden.

   Die Kurzreden nach Stichworten werden gehalten
   a) mit Vorbereitungszeit;
   b) sofort nach Aushändigung der Stichwortkarte.

9. Wettspiel:
   Jede Teilnehmerin bereitet eine Kurzrede vor. Jeweils fünf oder sechs Schülerinnen halten nacheinander vor dem Plenum ihre Reden. Die anderen bestimmen danach durch Abstimmung die beste davon. Nachdem alle geredet haben und alle Gruppensiegerinnen bekannt sind, wird durch Abstimmung die beste Gruppensiegerin bestimmt. Zur Belohnung darf sie ihre Kurzrede noch einmal halten. Wenn noch Zeit ist, können einige Schülerinnen der Siegerin Gratulationskurzreden halten.

Andere Fünfsatzschemata

Bei wenig Zeit kann das hier bereits vorgestellte Fünfsatzschema mit drei nebengeordneten Punkten das einzige bleiben. Allerdings ist es nicht für eine Abwägung gegensätzlicher Aspekte eines Themas geeignet. Das ist jedoch eine häufige und wichtige Redestruktur. Daher sollte nach Möglichkeit zumindest noch das folgende Fünfsatzschema eingeführt und geübt werden:

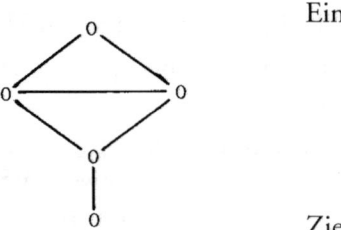

Einstieg

Zielsatz

Beispiele:

1. Es ist schon ein Problem:

Wenn ich viel arbeite und viel Geld verdiene, habe ich nicht genug Zeit und Energie, um das Leben zu genießen.

Wenn ich nicht arbeite, habe ich zwar Zeit, aber kein Geld und kann mir nichts leisten.

Ich bin zu folgender Lösung gekommen:

Ich arbeite nur soviel wie nötig, um mir ein angenehmes Leben machen zu können.

2. Dürfen Eltern die Briefe ihrer minderjährigen Kinder lesen?

Einerseits ist die Verletzung des Briefgeheimnisses strafbar.

Andererseits haben die Eltern ein Erziehungsrecht und dürfen einen an das Kind gerichteten Brief öffnen, wenn es dem Wohl des Kindes dient.

Es kommt darauf an, was überwiegt: die Erziehungsbedürftigkeit oder das Selbstbestimmungsrecht des Kindes.

Was richtig ist, muss im Einzelfall entschieden werden.

Die Fünfsätze nach diesem Schema können wie die nach dem ersten Schema geübt werden.

Die Mittelteile der hier dargestellten Fünfsatzmodelle werden bei GEISSNER (1982, S. 126-128) so dargestellt:

– nebengeordnet	o—o—o	REIHE
– aus Gegensätzen		DIALEXE

Diese beiden Schemata entsprechen den bis hierher in diesem Kapitel behandelten Fünfsatzmodellen; es kommen jeweils ein Einstieg und ein Zielsatz hinzu. Die „Reihe" hat drei nebengeordnete Punkte; bei der „Dialexe" werden zwei gegensätzliche Positionen in einem dritten Schritt „aufgehoben".

Außer diesen beiden gibt es für den Mittelteil von Fünfsätzen nach GEISSNER (1982, S. 126-128) noch folgende Möglichkeiten (auch die Beispiele stammen von GEISSNER):

– untergeordnet  KETTE

Beispiel:

„A hat einen Plan vorgelegt. Der Plan ist gut durchdacht. Wir können ihn mit unseren Mitteln verwirklichen. Er verspricht uns (deshalb) Erfolg. Aus diesem Grund stimme ich dem Plan von A zu."

– entfaltend  GABEL

Beispiel:

„Viele Leute sagen: ‚Dagegen kann man doch nichts machen' Stimmt das? Viele Menschen werden nicht übersehen. Viele Menschen werden nicht überhört. Massenhafter Protest ist die einzige friedliche Chance der Nichtregierenden."

– ausklammernd 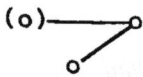 AUSKLAMMERUNG

Beispiel:

„Viele Mitbürger regen sich auf über Vermummungen bei Demonstrationen. Dabei geht es immer nur um vermummte Demonstranten. Ist die Polizei etwa nicht vermummt mit Helmen, Gesichtsschutz, Uniform? Jeder Helm, jede Uniform ist auch eine Vermummung. Deshalb wie in anderen Ländern: Dienstnummer an die Uniform!"

Die Fünfsatzmethode geht auf E. DRACH zurück. Sie wurde von H. GEISSNER weiterentwickelt und ausdifferenziert; sie wurde vielfach mit und ohne Quellenangabe für Rhetoriktrainings übernommen. (Ausführliche Erörterungen in BERTHOLD 1981, S. 81-102; danach eine vor allem auch vereinfachende Weiterentwicklung in GEISSNER 1982, S. 124-133.)

Literatur:
DRACH, ERICH: Redner und Rede. Berlin 1932. S. 116-122
GEISSNER, HELLMUT: Der Fünfsatz. Ein Kapitel Redetheorie und Redepädagogik. In: Wirkendes Wort 18 (1968)4, S. 258-278
BERTHOLD, SIEGWART: Möglichkeiten und Grenzen der Fünfsatzmethode in der Gesprächs- und Redepädagogik. In: Berthold, Siegwart (Hg.): Grundlagen der Sprecherziehung. Düsseldorf 1981. S. 81-102

GEISSNER, HELLMUT: Sprecherziehung. Didaktik und Methodik der mündlichen Kommunikation. Königstein i. Ts. 1982. S. 124-133

BERTHOLD, SIEGWART: Anleitung zum verständlichen mündlichen Informieren. In: Behme, Helma (Hg.): Angewandte Sprechwissenschaft. Stuttgart 1988. S. 57-75

THIELE, MICHAEL: Kann man Sprechdenken lehren? Wie denn der Fünfschritt „beyzubringen sey". In: Thiele, Michael: Sprecherziehung und Rhetorik. Regensburg 1990. S. 27-50

BREMERICH-VOS, ALBERT: Populäre rhetorische Ratgeber. Historisch-systematische Untersuchungen. Tübingen 1991. S. 93 ff.

GEISSNER, HELLMUT: Artikel „Fünfsatz". In: Ueding, Gert (Hg.): Historisches Wörterbuch der Rhetorik, Bd. 3. Tübingen 1996

OTTMERS, CLEMENS: Rhetorik. Stuttgart u.a. 1996. S. 131-135

Rede nach vorgegebener Gliederung

Ab 8. Schuljahr

Die Lehrerin gibt den Schülerinnen thematisch unbestimmte Redegliederungen vor, nach denen sie kurze Übungsreden entwerfen und halten sollen. Zu den Gliederungen passende Redethemen sollen die Schülerinnen selbst suchen. Die Lehrerin hebt hervor, dass dies ein Training im Gliedern überhaupt sein solle, sozusagen „rhetorisches Trockengliedern"; in der Redepraxis hänge die Gestaltung des Redeaufbaus von der konkreten Situation ab, z.B. von den jeweiligen Zielen und Themen der Rednerin, den Anlässen und Umständen (z.B. Redezeit) und der Zuhörerschaft.

Hier zwei Beispiele für solche inhaltlich vagen Gliederungen, die als Impulse für Übungsreden eingesetzt werden können:

Warum spreche ich?
Was ist? Wie kam es dazu?
Was sollte sein?
Wie könnte man das erreichen?
Was können wir dazu beitragen?

(Nach ALLHOFF 1990, S. 106; dieser nach RICHARD WITTSACK: Lerne reden. Leipzig 1935.)

Die folgende Gliederung nennt ALLHOFF (1990, S. 109 f.) im Abschnitt „Verhandlungsrede" eine „persuasive Disposition":

1. Sagen, was man hören will.
2. Sagen, was ich nicht sagen will.
3. Sagen, was ich sagen will.
4. Sagen, was man entgegnen könnte.
5. Sagen, was ich sagen will.
6. Sagen, was man hören will.
7. Sagen, was man behalten soll.

Diese Redegliederung berücksichtigt in erster Linie persuasionspsychologische Aspekte. Das Ziel ist nicht so sehr eine geschlossene Darstellung des Themas, sondern es soll eine optimale Redewirkung im Sinne der Rednerin erzielt werden. Gliederungen unter diesem Aspekt sind besonders für Reden zu empfehlen, bei denen die Zuhörer eine deutlich von der des Redners abweichende Meinung haben. Eine Rede nach der „persuasiven Disposition" könnte z.B. unter der Voraussetzung entworfen werden, man spreche vor Taxifahrern, die die Todesstrafe für Taxifahrermörder fordern, und wolle sie in dem Sinne beeinflussen, nicht die Todesstrafe, sondern alternative Strafen und Maßnahmen als Reaktionen auf Taxifahrermorde vorzuziehen.

Im einzelnen gibt ALLHOFF u. a. folgende Erläuterungen zu dieser „persuasiven Disposition":

Zu 1: Die Zuhörer und ihre Meinung akzeptieren; Gemeinsames hervorheben; captatio benevolentiae (Wohlwollen der Zuhörer gewinnen).

Zu 2: ALLHOFF erwähnt die „manipulative Technik", Dinge, die man als Verhandlungspartner nicht angesprochen haben möchte, hier als besonders wichtig zu betonen und auf den „Abhakeffekt" zu hoffen: Die besonders betonte Problematik wird unbewusst „abgehakt", vergessen.

Zu 3-5: Auch hier genügt es häufig, Gegenargumente lediglich zu erwähnen, ohne sie zu widerlegen. (M. E. kann man dieses ablenkende Vorgehen als moralisch bedenklichen Manipulationsversuch betrachten. Andererseits ist es oft gerechtfertigt und empfehlenswert, die meist knappe Zeit zur Werbung für die eigenen Argumente und erst in zweiter Linie zur Erörterung von Gegenpositionen zu nutzen.)

Zu 6 und 7: Vor dem Schluß „ist noch einmal auf Gemeinsames hinzuweisen, eine Verknüpfung zwischen dem neu Vermittelten und dem Vor-Wissen, zwischen neuer und alter Meinung herzustellen" (ALLHOFF S. 111).

Um die inhaltlichen Entfaltungsmöglichkeiten der Schülerinnen nicht zu behindern, gibt die Lehrerin am besten keine „Musterreden" vor. Sie kann darauf vertrauen, dass viele Schülerinnen Reden entwerfen, die gelungene Ausführungen der jeweiligen Gliederung darstellen. In einer kurzen Nachbesprechung wird geklärt, inwieweit die Reden der Schülerinnen der vorgegebenen Gliederung gerecht geworden sind.

Literatur:
ALLHOFF, DIETER-W./ALLHOFF, WALTRAUD: Rhetorik und Kommunikation. 1990 (9., überarbeitete Auflage). S. 101-134: Rede-Gliederungen.
DRÖGE, FRANZ/WEISSENBORN, RAINER/HAFT, HENNING: Wirkungen der Massenkommunikation. (Münster 1969) Frankfurt/Main: Athenäum Fischer-TB 1973
LAUSBERG, HEINRICH: Handbuch der literarischen Rhetorik. 2 Bände. München 1960 (Konkordanz der wichtigsten Einteilungsarten von Reden: § 262)

Mündliche Stilübungen

Ab 8. Schuljahr

Mündliche Stilübungen können die Wahrnehmungsfähigkeit für sprachlichen Ausdruck schärfen und die Ausdrucksfähigkeit steigern. Als Vorlage können schriftliche Texte dienen. Die Schülerinnen werden aufgefordert, sie mündlich in eine bessere sprachliche Fassung zu bringen.

Die Lehrerin weiß, wie schwierig es ist, die Behauptung zu begründen, eine sprachliche Formulierung sei „gut" oder „richtig". Andererseits ist es für die Schülerinnen motivierend, wenn die Lehrerin ihnen einen Text vorlegt, den sie als stilistisch misslungen befinden, und sie dann auffordert, den Text doch einmal selbst in eine bessere sprachliche Fassung zu bringen.

Das geht mit einzelnen Sätzen, die in eine verständliche mündliche Fassung gebracht werden sollen, z.B.:

Derjenige, der denjenigen, der den Pfahl, der an der Brücke, die auf dem Wege, der nach Worms führt, liegt, steht, umgeworfen hat, anzeigt, erhält eine Belohnung.

Der Vorschlag von L. REINERS lautet:

Wer den Mann anzeigt, der den Pfahl an der Brücke nach Worms umgeworfen hat, erhält eine Belohnung.

(REINERS 1963, S. 106 und 250)

Meine Lösung:

Der Pfahl an der Brücke nach Worms ist umgeworfen worden. Wer den Täter anzeigt, erhält eine Belohnung.

Kurze Texte, z.B. Zeitungsberichte über einen Unfall oder über politische Ereignisse, die in „Papierdeutsch" verfaßt sind, können zu einem mündlichen Bericht für die Mitschülerinnen umgeformt werden.

Auch Gesetzes- und Verwaltungstexte können zugrunde gelegt werden; sie sollen in eine möglichst eingängige mündliche Fassung gebracht werden; vgl. z.B. die verschiedenen Texte zu Diebstahl/Raub/Hehlerei bei LANGER / SCHULZ V. THUN / TAUSCH (1981), S. 30 ff., die zwar schriftliche Informationstexte darstellen, aber auch als mündliche Informationen verglichen werden können. Anhand von Videoaufnahmen kann versucht werden, Fernsehnachrichtenmeldungen stilistisch zu verbessern.

Einen anderen Übungstyp stellen stilistische Experimente dar. Es soll dabei nicht nur um die Imitation sprachlicher Merkmale gehen, sondern es sollen sich auch die aus der jeweiligen Interessenlage resultierenden Bewertungen im Text widerspiegeln; vgl. z.b. TUCHOLSKY in seinem „Traktat über den Hund, sowie über Lerm und Geräusch" (1927): „Der Hund ist ein von Flöhen bewohnter Organismus, der bellt (Leibniz)." Eine entsprechende Aufgabe kann z.b. darin bestehen, die Frage „Was ist ein Auto?" in der Rolle von verschiedenen Personen: Autoliebhaber, Radfahrer, Verkehrsrichter, Arzt, Werbeagentur, Politiker verschiedener Parteien zu beantworten. Eine weitere Aufgabe: Eine neutrale Meldung soll (parodistisch)-agitatorisch umformuliert werden.

Auf S. 55 finden Sie ein schönes Beispiel für solche stilistischen Experimente: „Tarnung durch Bombast" (GÜNTER LIETZMANN, Süddeutsche Zeitung, 1. 10. 1977, wiedergegeben in WOLF SCHNEIDER: Deutsch für Profis, 2. Aufl. 1986. S. 19).

Literatur:
CLARKE, M. L.: Die Rhetorik bei den Römern. 1968. S. 28 ff. („expolitio")
REINERS, LUDWIG: Stilfibel. (1951) dtv 154 1963
LANGER, INGHARD / SCHULZ V. THUN, FRIEDEMANN / TAUSCH, REINHARD: Sich verständlich ausdrücken. München 1981, 4. Aufl. 1990
ROCHE, REINHARD: ‚Behördendeutsch' oder ‚flegelhafter Beamtenstil'? Vorschlag zur Einbeziehung eines umstrittenen Sachbereichs in den Sprachunterricht der Mittelstufen. In: Der Deutschunterricht 34 (1982), H. 1, S. 117-122
SCHNEIDER, WOLF: Deutsch für Profis. Wege zu gutem Stil. Hamburg (1984), 2. Aufl. 1986

Tarnung durch Bombast Günter Lietzmann

Kürzlich hatte ich Gelegenheit, den folgenden Dialog zwischen (dem damaligen) Regierungssprecher Grünewald und seinem Sohn zu erfinden:

„Papa, unser Lehrer hat mir heute zu verstehen gegeben, dass er nicht ausschließen will, dass ich das Klassenziel unter den derzeit gegebenen Umständen möglicherweise nicht voll erreichen könnte. Er hat dabei angedeutet, dass dieses besonders im fremdsprachlichen Bereich auch durch einen Mangel an gezielten Maßnahmen meinerseits verstärkt worden sei. Außerdem hat er durchblicken lassen, auch andere Lehrer hätten ihm signalisiert, meine verbale Beteiligung sei noch außerordentlich ausbaufähig."

Der einigermaßen erschütterte Vater verlor schnell die sonst übliche Zurückhaltung. „Soll das heißen, dass du sitzenbleibst, weil du in Englisch und Latein nichts getan hast und dich insgesamt zu wenig am Unterricht beteiligst?"

„Diese Formulierung, Papa, ist sicher überspitzt. Ich würde meinen, dass die auf uns zukommenden Probleme auch durch eine sehr undifferenzierte Analyse meiner Zurückhaltung seitens der mich unterrichtenden Lehrer zu erklären ist. Natürlich übersehe ich dabei nicht, dass mir unreflektiertes Auswendiglernen von Wörtern einer fremden Sprache, die völlig beziehungslos nebeneinanderstehen, nicht eben liegt."

„Du hast also zu wenig Vokabeln gelernt?"

„Ich bin der Auffassung, dass man mit dieser sehr pauschalen Fragestellung dem doch sehr komplizierten Problem kaum gerecht wird. Diese Ansicht wird übrigens von allen meinen Freunden geteilt. Wir sind auch der Meinung, dass die anstehende Problematik nicht durch unglaubwürdiges Moralisieren oder gar Drohen gelöst werden kann. Dagegen versprechen wir uns eine motivationsfördernde Wirkung von finanziellen Anreizen, die natürlich nur langsam greifen würden. Wir überschätzen die bildungspolitischen Auswirkungen solcher finanziellen Stimulanzien durchaus nicht, sehen zum gegenwärtigen Zeitpunkt aber keine praktikableren Möglichkeiten."

„Du möchtest also nicht nur deine Ruhe, sondern auch noch eine Erhöhung des Taschengeldes?"

Redeeinleitungen

Ab 9. Schuljahr

Zunächst werden im Klassengespräch mögliche Arten und Komponenten von Redeeinleitungen gesammelt:

❏ Anrede (kann ausnahmsweise wegfallen oder erst nach einigen Sätzen erfolgen)

❏ Bitte um Aufmerksamkeit

❏ aktueller Anlass

❏ kluges und maßvolles Lob des Publikums

❏ Begrüßung und Ehrung wichtiger Personen

❏ Dank an das Publikum

❏ unaufdringlich Gemeinsamkeiten ins Bewußtsein heben

❏ Bezug auf Vorredner (Hinweis: Mancher Anschluß an den Vorredner ist nicht so spontan, wie er klingt. Was der Vorredner sagen könnte, ist oft vorauszusehen; manchmal kann man sogar schon im voraus das Redemanuskript des Vorredners von diesem bekommen. Jedenfalls kann man sich oft schon bei der Vorbereitung der eigenen Rede Möglichkeiten für einen Anschluss an die Rede des Vorredners zurechtlegen.)

- ❏ Bezug auf Wissen und Stimmung des Publikums
- ❏ für die Zuhörer überraschende Mitteilung
- ❏ eigene Betroffenheit durch das Thema
- ❏ Erzählung: eigene Erlebnisse, andere Quellen („fabula", Literatur)
- ❏ Hinweis auf große Bedeutung des Themas
- ❏ Zitat, Sentenz
- ❏ „icebreaker" (scherzhafter Ausspruch oder Anekdote)
- ❏ Einleitungsfrage
- ❏ Kürze versprechen
- ❏ ein Anschauungsstück mitbringen
- ❏ als Einstieg Bild zeigen; Film, Tonbeispiel vorführen.

Dabei sollte auch kurz über den Sinn von Redeeinleitungen gesprochen werden. Im allgemeinen geht es darum, die Aufmerksamkeit und das Wohlwollen des Publikums zu erzielen; vgl. die antike Rhetorik: Den Richter aufmerksam (attentum) und wohlwollend (benevolum) machen. Man sollte sich bei der Verfolgung seiner Redeziele auf die Interessen, das Vorwissen und die Stimmung der Zuhörerschaft einstellen. Im allgemeinen ist es günstig für die Redewirksamkeit, wenn man die Zuhörer in eine gute Stimmung versetzt. Ausnahmsweise kann es taktisch günstig sein, sich bei der Redeeinleitung nur auf deren Wirkung beim entscheidenden Teil des Publikums oder bei Einzelpersonen zu konzentrieren.

Dann wählt die Klasse ein Redethema; die Reden sollen sich an die Schülerinnen und Schüler der Klasse richten. Die Lehrerin stellt die Aufgabe, zu diesem Thema lediglich Redeeinleitungen zu entwerfen und vorzutragen. Die Redeeinleitungen werden vor der Klasse oder Übungsgruppe gesprochen. Dabei soll auf günstigen körperlichen Ausdruck geachtet werden: freundlicher, gelassener Gesichtsausdruck; aufrechte, ruhige Körperhaltung, beide Füße fest auf den Boden stellen; unaufdringlicher, unbefangener Blickkontakt; gute Sprechweise. Wenn alle ihre Redeeinleitungen vorgetragen haben, kann kurz erörtert werden, welche Einleitungen die besten waren.

Literatur:
LAUSBERG, HEINRICH: Handbuch der literarischen Rhetorik. München 1960. S. 150-163
Der Redenberater. Handbuch für erfolgreiche Reden im Betrieb, in der Öffentlichkeit und im Privatleben. Bonn: Verlag Norman Rentrop 1988 ff. Kap. 3.1: Einstieg mit Pfiff.

Redethemen für Anfängerinnen

Ich-nahe und zeitnahe („Hier-und-jetzt-Prinzip") Themen eignen sich besonders gut für rhetorische Anfangsübungen.

Beispiele:

❏ Sprechen über Körperempfindungen (vgl. dazu GUDJONS, HERBERT: „Wahrnehmung von Körperempfindungen" in: Praxis der Interaktionserziehung 1978, S. 72 f.)

❏ „Blitzlicht": Jeder sagt kurz, wie er sich gerade fühlt.

❏ Gut als Einstieg bei Rhetorikkursen: „Was ich während dieser Zeit getan hätte, wenn ich nicht in diesen Kurs gekommen wäre."

❏ Mein Lieblingsbild (mitbringen!)

❏ Mein Lieblingsbuch

❏ „Was ich tun würde, wenn ich eine Million im Lotto gewonnen hätte."

❏ Meine Familie

❏ Mein Beruf/Berufswunsch

Bei solchen Themen haben die Schülerinnen kaum Schwierigkeiten, Redestoff zu finden. Ich-nahe Themen fördern die Kohärenz von Übungsgruppen: Selbstdarstellung wird im allgemeinen als angenehm empfunden und baut Ängste ab. Andererseits darf nicht mehr an Selbstdarstellung als verantwortbar von den Schülerinnen gefordert werden. Das kann die Lehrerin am besten einschätzen, wenn sie sich selbst an den Übungen beteiligt.

3. Ein rhetorischer Kompaktkurs

Mit der in diesem Kapitel beschriebenen Übungsfolge lassen sich in etwa drei Stunden (je nach Teilnehmerzahl) wesentliche rhetorische Einsichten und Fertigkeiten vermitteln.

Bei der Beschreibung gehe ich von einem Rhetorikkurs für Schülerinnen der Sekundarstufe II aus. Die Übungsfolge kann in ihren wesentlichen Zügen aber auch im Unterricht mit jüngeren Schülerinnen durchgeführt werden.

In Kurzreden Ziele für das Redetraining nennen

Bei dieser Kurzredenübung kommt jede Schülerin zu Wort. Die Schülerinnen gewöhnen sich bei ihren Reden und durch die Gruppenarbeit daran, sich frei im Raum zu bewegen. Sie machen sich Gedanken über ihre Motive für die Teilnahme an dem Redekurs und werden sich ihrer Übungsziele stärker bewusst. Sie bekommen Gelegenheit, ihre eigenen Vorstellungen mit denen der anderen Kursteilnehmerinnen zu vergleichen. Daraus kann ein theoretischer Überblick über Kriterien rhetorischer Leistungen entwickelt werden.

Sitzordnung: Zunächst Sitzkreis oder Hufeisenform, später Kleingruppen. Als erste Redeübung schlägt die Lehrerin vor:

„Bitte halten Sie eine Kurzrede zu dem Thema: Meine wichtigsten Ziele bei den Redeübungen in diesem Kurs. – Nennen Sie bis zu drei Ziele mit kurzer Begründung!

Bitte bereiten Sie Ihre Kurzreden in Stichworten vor. Dafür haben Sie fünf Minuten Zeit. – Gibt es Fragen zur Aufgabenstellung?"

(Nach Abschluß der Vorbereitung der Schülerinnen:) *„Sind Sie fertig? Sie sollen jetzt erst einmal Ihre Kurzreden in Dreiergruppen zur Probe halten. Nach jeder Rede nehmen die beiden anderen Mitglieder der Dreiergruppe kurz dazu Stellung. Sie brauchen dafür voraussichtlich ungefähr zehn Minuten.*

Bitte bilden Sie jetzt Dreiergruppen. Setzen Sie sich bitte mit Ihren Stühlen so hin, dass jede von den anderen im gleichen Abstand sitzt, also in Kleeblattform. Möglichst viele Kleingruppen sollten gemischtgeschlechtlich sein. "

Die Gruppenbildung sollte formlos erfolgen, wobei die Lehrerin unauffällig dazu beiträgt, dass sich schnell günstige Dreiergruppen finden. Wenn die Schülerinnenzahl nicht durch drei teilbar ist, wird eine Zweier- oder eine Vierergruppe gebildet.

Wenn die Schülerinnen sich noch nicht kennen, führt die Kleingruppenarbeit zu persönlichen Begegnungen und damit zu größerer Kohärenz der gesamten Übungsgruppe. In gemischtgeschlechtlichen Gruppen kommt es bei Erwachsenen erfahrungsgemäß zu einer angeregteren, angenehmeren Stimmung. In der Schule kann sie zur Jungen/Mädchen-Integration beitragen. – Die kleeblattförmige Sitzordnung bei der Gruppenarbeit dient dazu, dass jedes Mitglied der Dreiergruppe gleiche Interaktionschancen hat und sich gleichrangig fühlen kann.

Für Redeängstliche ist es meist günstig, dass die Kurzrede zunächst in der Dreiergruppe und dann erst im Plenum gehalten wird. Nach der Gruppenarbeit ist die Kurzrede vor dem Plenum für die Sprecherin schon eine Wiederholung, vielleicht in verbesserter Fassung, während für die meisten ihrer Zuhörerinnen die Rede noch neu ist, so dass insofern eine echte Redesituation vorliegt.

Nach dem Ende der Gruppenarbeit halten die Schülerinnen im Plenum der Reihe nach ihre in der Kleingruppe geübten und besprochenen Kurzreden.

Im Anschluß an die Reden der Schülerinnen erklärt die Lehrerin, dass die gestellte Aufgabe von allen erfüllt worden sei. Dies sei die Hauptsache.

Es folgt eine kurze Erörterung der Redeleistungen. Vor allem nehmen die Rednerinnen selbst zu ihren eigenen Reden Stellung. Die Lehrerin fasst die von den Schülerinnen in ihren Reden und ihren Kommentaren dazu am häufigsten genannten Gesichtspunkte zusammen und stellt ihre Berücksichtigung bei den folgenden Redeübungen in Aussicht.

Wenn die Lehrerin großen Wert auf eine theoretische Fundierung des Kurses legt, kann sie jetzt das „Redebeurteilungsblatt" (S. 135) verteilen und es im Vergleich zu den von den Schülerinnen hervorgehobenen Aspekten diskutieren. Besser wartet sie damit noch und vermeidet zunächst theoretische Erörterungen zugunsten weiterer Übungen, um die Redefreude der Schülerinnen zu erhalten.

In Kurzreden Themenvorschläge für Übungsreden machen

Als nächste Redeübung schlägt die Lehrerin die Beantwortung folgender Frage vor: *„Über welche Themen sollten in diesem Kurs Kurzreden gehalten werden?"* Jede Schülerin soll einen bis drei Themenvorschläge mit kurzer Begründung machen.

Die Lehrerin erläutert: Das gibt den Schülerinnen Gelegenheit, sich Themen für ihre eigenen Reden zu überlegen und Vorschläge für die Redethemen der übrigen Schülerinnen zu machen.

So können sie auch erfahren, über welche Themen die anderen Schülerinnen etwas hören wollen. Die Lehrerin hebt hervor: Die Wahl der Redethemen ist von großer Bedeutung für den Redeerfolg, in diesem Kurs und auch sonst.

Die Schülerinnen äußern sich der Reihe nach. Die Lehrerin hält sie ggf. zur Kürze an. Die Lehrerin notiert sich die genannten Themenvorschläge, geordnet nach Themenbereichen, z.B. Freizeit, Privatleben, Beruf, Innenpolitik, Außenpolitik usw., und fasst das Ergebnis zusammen.

Sie kann auch schon während der Schülerinnen-Statements eine geordnete Übersicht an der Tafel, einer Wandzeitung oder auf Overhead-Folie erstellen. Wenn sich Themenschwerpunkte in den Kurzreden zeigen, kann die Lehrerin dies besonders hervorheben und darauf hinweisen, dass es Vorteile hat, wenn mehrere Schülerinnen zum gleichen Thema Reden halten.

Eine explizite Bewertung dieser Übungsreden sollte nicht erfolgen. Das Übungsziel ist erreicht, wenn jede Teilnehmerin sich geäußert hat. Natürlich wird die Lehrerin sich anhand der Redeleistungen vorläufige Urteile über Förderungsschwerpunkte der Gruppe und einzelner Schülerinnen bilden.

Anschließend können allgemeine Kriterien für die Themenwahl im Redekurs besprochen werden. Das Ergebnis könnte sein: Die Themen sollten den eigenen Fähigkeiten und Interessen entsprechen, für die Zuhörerinnen unterhaltsam und nützlich sein und aktuelle Themen behandeln.

Auch bei dieser Kurzredenübung kommen alle Teilnehmerinnen zu Wort. Sie haben danach den Eindruck, schon viel geübt zu haben. Außerdem haben sie sich Gedanken über die Wahl eines eigenen Redethemas gemacht und beginnen mit Vorbereitungen zu einer entsprechenden Rede, indem sie Ideen und Material dafür suchen. Damit haben sie die Vorstellung, bald eine Rede halten zu sollen, innerlich akzeptiert. Das hilft bei der Überwindung etwaiger Redeangst.

Redeübung: Einleitung in ein mündliches Referat

Die folgende Übung stellt durch die vorgegebenen Textteile eine Hilfe dar, einen zusammenhängenden und gegliederten Redetext – eine Referateinleitung – vorzutragen. Die Aufgabe, eine Vorausschau auf ein Referat zu vorzutragen, soll die Fähigkeit der Schülerinnen fördern, sich vor der Detailarbeit an einem Referat ein mögliches Gesamtkonzept zu entwerfen und es auf Sach- und Zuhörergerechtheit zu überprüfen. Der Hauptsinn der Übung besteht darin, dass alle Schülerinnen die Erfahrung machen, in kurzer Zeit eine kleine Rede planen und, was den Einstieg betrifft, auch halten zu können. Das Resultat stellt eine schon praxisgerechte Möglichkeit einer Referateinleitung dar. Die Lehrerin sollte aber gelegentlich darauf hinweisen, dass je nach den Erwartungen und Vorkenntnissen der Zuhörerschaft und den Redezielen auch viele andere Formen der Redeeinleitung möglich sind. Insbesondere kann bei einem sachkundigen Publikum eine vorangestellte Gliederung für das Verständnis entbehrlich sein und auf Kosten der Spannung gehen.

Die Lehrerin schlägt den Schülerinnen vor, eine Einleitung in ein mündliches Referat mit selbstgewähltem Thema zu entwerfen und vorzutragen. Dafür bekommen sie Arbeitsblätter: (vgl. S. 64)

Die Schülerinnen sollen den fett gedruckten Text übernehmen und in Stichworten oder auch ausformuliert ergänzen. Dann sollen alle Referateinleitungen nach den Notizen auf dem Arbeitsblatt mit freundlichem Blick ins „Publikum" möglichst frei vorgetragen werden.

- Es soll bei der Einleitung in ein Referat bleiben und nicht schon das Referat selbst gehalten werden.
- Die Einleitung soll auf das Thema hinführen, aber nichts vorwegnehmen, was besser in den Hauptteil paßt.
- Das Publikum soll keins sein, das man sich nur vorstellt: Die Referate sollen sich an die Mitschülerinnen und auch die Lehrerin richten.
- Das Thema soll für sie selbst und ihre Mitschülerinnen interessant und wichtig sein; es kann aber auch nur lustig sein.

Die Lehrerin trägt selbst ein Beispiel für eine solche Referateinleitung vor, etwa:

Mein Thema lautet: *Wie kann man verständliches Reden und Schreiben fördern?*

Ich habe dieses Thema gewählt, weil *ich meine, dass in vielen gesellschaftlichen Bereichen – auch in der Schule – mehr Verständlichkeit wünschenswert und auch möglich ist.*

In meinem Referat gehe ich so vor:

Zunächst *kläre ich den Begriff „Verständlichkeit".*

Dann *spreche ich über den Nutzen, aber auch über die Nachteile und Risiken verständlichen Redens und Schreibens.*

Schließlich *möchte ich einige Möglichkeiten von Verständlichkeitstraining skizzieren.*

Ich komme zum ersten Punkt: *Was ist eigentlich „Verständlichkeit"?*

Die Schülerinnen bekommen etwa fünf Minuten Zeit für den Entwurf ihrer Referateinleitungen.

Auch hier sollte eine etwa zehnminütige Gruppenarbeitsphase folgen, bei der die Schülerinnen sich zunächst in Dreiergruppen ihre Referateinleitungen vortragen und Gelegenheit haben, sie nach den Kommentaren der beiden anderen Gruppenmitglieder zu überarbeiten.

Nun tragen die Schülerinnen ihre Referateinleitungen vor der Klasse stehend vor. Dafür sollte ein möglichst bequemes Rednerpult zur Verfügung stehen.

Zumindest beim ersten Mal ist im Anschluß ein Gespräch darüber sinnvoll, wie die Rednerinnen die Situation erlebt haben. Einige können über ihre Gefühle und Assoziationen beim Reden vor der Klasse sprechen und so das Erlebnis emotional verarbeiten. Das Klassengespräch sollte überwiegend positive Aspekte im Redeverhalten der Schülerinnen herausstellen.

Fortsetzungsmöglichkeiten:

Bei Wiederholungen der Übung können den Referateinleitungen mündliche und schriftliche Rückmeldungen folgen; auch Ton- und Videoaufnahmen können dabei eingesetzt werden (vgl. dazu S. 130 ff.)

Es kann auch durch (kumulative) Abstimmung eines der Themen zur Behandlung im weiteren Unterricht ausgewählt werden. Dieses Thema kann, nachdem es im Unterricht erörtert wurde, von allen Schülerinnen in abgeschlossenen Kurzreferaten – mündlich nach schriftlichen Notizen oder in Aufsatzform behandelt werden.

Wenn in der Klasse oder vor größerem Publikum Reden zu halten sind, kann die Übungsform „Referateinleitung" dazu genutzt werden, Redekonzepte zu „testen". Aus den Rückmeldungen der Zuhörerinnen können Hinweise für die Gestaltung der Endfassung der Rede gewonnen werden.

Arbeitsblatt: Einleitung in ein mündliches Referat

Mein Thema lautet:
(Dabei behandele ich insbesondere ...
Ggf. Gegenstandsbereich
einschränken, konkretisieren.)

Ich habe dieses Thema gewählt, weil ...
(wichtig für Zuhörer, mich,
gesellschaftliche Entwicklung ...;
aktuell; ...)

In meinem Referat gehe ich so vor:
Zunächst (1.)

Dann (2.)

Schließlich (3.)

(Oder anders gliedern; es können auch 2 oder 4 Punkte sein.)

Ich komme zum ersten Punkt: ...
(Den ersten Punkt noch nennen, dann ist Schluss.)

4. Verständlich reden

Das folgende Kapitel enthält Anregungen und Materialien für ein Training zur Steigerung der Verständlichkeit von Reden. Es ist für Schülerinnen ab etwa dem 8. Schuljahr geeignet.

Die Basis dieses Trainings bildet das „Hamburger Verständlichkeitstraining" (LANGER / SCHULZ V. THUN / TAUSCH 1974 ff.). Es ist in erster Linie als Anleitung zum Schreiben kurzer Informationstexte gedacht, wird aber auch häufig Rhetorikkursen zugrunde gelegt. Das Konzept dieses Trainings ist zwar in vielerlei Hinsicht zu kritisieren, z.B.: zu geringe Berücksichtigung der Motivation, des Vorwissens und der Textverarbeitungsprozesse der jeweiligen Leser/Hörer; zu wenig konkrete Handlungsanweisungen für die Bearbeitung von Texten. Es ist jedoch m. E. das im ganzen beste vorhandene Konzept für ein praktikables, allgemeines Verständlichkeitstraining.

Im Deutschunterricht oder in Rhetorikkursen hat man kaum Zeit für das gesamte Hamburger Trainingsprogramm. Es lohnt sich jedoch, die Grundbegriffe und einige Kurselemente daraus einzuführen.

Dem Training liegen folgende „Dimensionen" (Leitbegriffe) zugrunde:

- ❏ Gliederung/Ordnung
- ❏ Einfachheit
- ❏ Kürze
- ❏ Anregung.

Die „Dimensionen" sind Gruppen von Textmerkmalen (vgl. LANGER u. a. 1981, S. 137-139). Mit ihnen kann man nach einer kurzen Einführung die Verständlichkeit eigener und fremder Informationstexte zutreffend global einschätzen. Bei wenig Zeit kann man sich vor den Übungen auf die Einführung der vier Grundbegriffe des „Hamburger Verständlichkeitstrainings" mit mündlichen Erläuterungen beschränken. Die „Gliederung/Ordnung" kann man unterteilen in „Innere Ordnung" und „Äußere Gliederung", und die „Innere Ordnung" noch einmal (nach Teigeler) in sachlogische und psychologische Ordnung.

Als Einführung kann die Lehrerin den Schülerinnen auch das Arbeitsblatt „Ratschläge für verständliches Reden" (s. S. 72 f.) vorlegen und es mit ihnen besprechen.

Literatur: siehe Literaturverzeichnis

Gründe für verständliches Informieren

Als Einstieg in ein Verständlichkeitstraining können Gründe gesammelt werden, die für verständliches Informieren sprechen.

Gründe aus der Sicht des Hörers:

❏ Bei verständlichen Informationstexten ist der Einsatz von Zeit und Energie für den Hörer rationell; es gibt keine sinnlose Zeit- und Energieverschwendung, insbesondere bei vermeidbaren Missverständnissen.

❏ Die Informationen können optimal genutzt werden.

❏ Der Hörer fühlt sich im allgemeinen besser, wenn er versteht, was er hört, weil dadurch sein positives Selbstkonzept verstärkt wird.

Gründe aus der Sicht des Sprechers:

❏ Je verständlicher man sich ausdrückt, desto größer ist meist die Chance, im beabsichtigten Sinne zu beeinflussen.

❏ Man wird dem Hörer sympathisch: Er schätzt es, wenn er den Eindruck gewinnt, dass sich der Sprecher richtig auf ihn einstellt.

❏ Eine klare Darstellung erweckt den Eindruck von Sachkenntnis des Sprechers.

❏ Von der Verständlichkeit kann es abhängen, ob der Hörer überhaupt weiter zuhört.

❏ Wenn es konkurrierende Mitteilungen gibt, werden meist verständliche den weniger verständlichen vorgezogen.

Gründe aus gesellschaftlicher Sicht:

❏ Verständlichkeit fördert die Verbreitung und damit die Nutzbarkeit von Informationen.

❏ In Schule und Hochschule trägt Verständlichkeit zur Chancengleichheit bei: Je verständlicher sich die Lehrer ausdrücken, desto mehr Schüler können dem Unterricht folgen.

„Ferner beobachteten wir in Schulklassen: Viele Lehrer drückten sich beim Vortrag so kompliziert, so ungegliedert und so langatmig-weitschweifig aus, dass ihre Schüler den Unterrichtsstoff schwer verstanden und als Folge davon unruhig, unzufrieden und unkonzentriert wurden und den Unterricht erheblich störten. Die Lehrer dagegen meinten häufig, sie müssten in ihrem Unterricht mehr lenken und dirigieren, die Schüler ‚härter anfassen‘, um sie zur Arbeit zu zwingen." (TAUSCH/TAUSCH 1979, S. 268)

- Verständlichkeit vermeidet wirtschaftliche Verluste, z.B. bei Gesetzestexten oder Gebrauchsanweisungen.
- Bei kommerziellen Informationsangeboten (Lehrgängen, Gebrauchsanleitungen) hat der Verbraucher einen rechtlichen Anspruch auf Verständlichkeit, insbesondere nach dem Produkthaftungsgesetz.
- Bei Behörden, z.B. bei polizeilichen Vernehmungen, und vor Gericht sollte der Bürger verstehen, was man ihn fragt und worum es geht, damit er angemessen reagieren kann.
- Verständlich dargelegte politische Ideen und Konzepte können von den Betroffenen überprüft werden und so erst überzeugen. Das ist eine Voraussetzung für demokratische politische Willensbildung (auch in den Massenmedien).

Kommunikationsethische Gründe:

Jemand, zu dem man spricht, ist während des Zuhörens in seinen Gedanken und Gefühlen fremdbestimmt. Dies ist gerechtfertigt, sofern die Information die Interessenlage des Angesprochenen angemessen berücksichtigt. Es ist aber ungerechtfertigt, wenn der Sprecher seine billigenswerten Informationsziele mit mehr Aufwand an Zeit und Mühe für den Zuhörer verfolgt als nötig, und wenn es ihm zuzumuten ist, seine Informationen durch bessere Vorbereitung eingängiger für den Zuhörer zu gestalten. Man kann daher jemandem, der vermeidbar schwerverständlich informiert, die ungerechtfertigte Beeinträchtigung der freien Entfaltung der Persönlichkeit und damit die Missachtung seiner Zuhörer vorwerfen.

Trotz all dieser Gründe für Verständlichkeit werden schwer- und unverständliche Texte nicht nur aus Unfähigkeit, sondern auch absichtlich produziert.

Die Schwerverständlichkeit wird bewusst eingesetzt, um

- die Zuhörer zu beeindrucken, z.B. durch Fachsprache oder eine Ausdrucksweise, die hohen gesellschaftlichen Status signalisiert,
- Kompetenz vorzutäuschen und Inkompetenz zu verschleiern oder
- ungerechtfertigte Interessen zu verfolgen, indem man den eigenen Zielen zuwiderlaufende Gesichtspunkte verschleiert oder von ihnen ablenkt.

- Es kann allerdings sinnvoll sein, vage zu formulieren, um konkrete Möglichkeiten und Entwicklungen nicht zu behindern, z.B. in Verfassungen und in Verträgen. Auch bei Verhandlungen kann es für die eigenen Interessen, aber auch für beide Seiten günstig sein, sowohl Versprechungen als auch Drohungen nur ungenau auszudrücken, um sich nicht vorzeitig festzulegen.

Zuweilen beruht die rhetorische Wirkung geradezu auf Schwerverständlichkeit. Franz Josef Strauß meinte über sich:

> „Ich bin der geborene Anti-Rhetor. Erstens rede ich nie kurz, zweitens bilde ich lange Sätze, drittens verwende ich viele Fremdwörter und fremdsprachige Zitate. Aber alle drei Dinge zusammengenommen führen offensichtlich zu einer rhetorischen Wirkung, über die ich mich, was Größe und Ausdauer meines Publikums angeht, nie zu beklagen habe."

(FRANZ JOSEF STRAUSS: „Anti-Rhetorik". In: Der Spiegel Nr. 38 vom 18. 9. 1989. Wiederabgedruckt in: LOEBBERT, MICHAEL F. (Hg.): Rhetorik. Stuttgart 1991. S. 147-150)

Quintilian (ca. 30-96 n. Chr.) schreibt über schwerverständliche Ausdrücke (Institutio oratoria VIII 2, 21):

> „Aber auch manchen Hörern sind solche Wendungen willkommen: wenn sie deren Sinn verstanden haben, kosten sie ihren eigenen Scharfsinn aus und freuen sich so, als wären sie nicht als Zuhörer, sondern als die Erfinder daran beteiligt."

Dichterische Texte sind im allgemeinen nicht auf Verständlichkeit, sondern auf Originalität hin angelegt. Daher eignen sie sich nur mit Einschränkungen als Modelle für Texte, bei denen es auf Verständlichkeit ankommt.

Grundbegriffe des Verständlichkeitstrainings

Die folgenden Erläuterungen zu den Grundbegriffen des Hamburger Verständlichkeitstrainings können als Grundlage für entsprechende mündliche Informationen an die Schülerinnen dienen.

Da die „Dimension" „Gliederung/Ordnung" zumindest für das hier beschriebene Rhetoriktraining am wichtigsten ist, habe ich sie in Abweichung vom „Hamburger Verständlichkeitstraining" an die erste Stelle gesetzt. – Die Schemabilder sind LANGER u. a. 1981 entnommen. Ausführliche Darstellungen in SCHULZ V. THUN 1981, S. 140-155, LANGER u.a. 1981, SCHULZ V. THUN u. a. 1975; Kommentare besonders in MANDL (Hg.) 1981.

I. Gliederung/Ordnung

Gliederung – Ordnung ++ + 0 – – –	Ungegliedertheit, Zusammenhanglosigkeit
gegliedert	ungegliedert
folgerichtig	*zusammenhanglos, wirr*
übersichtlich	unübersichtlich
gute Unterscheidung	*schlechte Unterscheidung*
von Wesentlichem und	*von Wesentlichem und*
Unwesentlichem	*Unwesentlichem*
der rote Faden bleibt	man verliert oft den roten
sichtbar	Faden
alles kommt schön der	*alles geht durcheinander*
Reihe nach	

Das Hamburger Konzept unterscheidet:

„*Innere Ordnung:* Die Sätze stehen nicht beziehungslos nebeneinander, sondern sind folgerichtig aufeinander bezogen. Die Informationen werden in einer sinnvollen Reihenfolge dargeboten. *Äußere Gliederung:* Der Aufbau des Textes wird sichtbar gemacht. Zusammengehörige Teile sind übersichtlich gruppiert, z.b. durch überschriftete Absätze. Vor- und Zwischenbemerkungen gliedern den Text. Wesentliches wird von weniger Wichtigem sichtbar unterschieden, z.b. durch Hervorhebungen oder durch Zusammenfassungen." (LANGER u. a. 1981, S. 15 f.)

Dies lässt sich ergänzen durch TEIGELERS Unterscheidung von „sachlogischer Ordnung" und „psychologischer Ordnung". Für die psychologische Ordnung rät TEIGELER:

1. **Höchstens fünf Themen-Punkte** nebeneinander

		Bekannte		Unbekannten
2.	Das	**Einfache**	vor dem	Komplizierten
		Allgemeine		Speziellen

3. Das **Interessante und Wichtige** vor dem Langweiligen und Unwichtigen

4. Handlungen und Geschehnisse in der **richtigen Reihenfolge**

(TEIGELER 1982, S. 70)

Gelegentlich kann der Lernerfolg gesteigert werden, indem man für stimulierende kognitive Konflikte sorgt: konfliktgenerierende Fragen, inkongruenter Rückbezug auf Bekanntes, inkongruente, widersprüchliche Alternativen, Neuheit und Überraschung, Inkohärenz und Komplexität (vgl. GROEBEN 1982, S. 274).

Die vieldiskutierte Möglichkeit von Vorstrukturierungen (advance organizers) sollte nicht schematisch eingesetzt werden. Es kann sein, dass die Zuhörer schon ein hinreichendes Vorwissen präsent haben und einen Vortrag auch ohne Einführung ins Thema optimal verstehen können. Dann ist die Vorstrukturierung überflüssig und möglicherweise schädlich, insbesondere weil die Zuhörer sich in ihrer Sachkompetenz unterschätzt fühlen könnten.

Zusammenfassungen der wesentlichen Aussagen am Ende einer Rede sind oft empfehlenswert. (Vgl. die „peroratio" in der antiken Rhetorik; vgl. BALLSTAEDT u. a. 1981, S. 139 ff.)

2. Einfachheit

Einfachheit	++ + 0 – – –	Kompliziertheit
einfache Darstellung		komplizierte Darstellung
kurze, einfache Sätze		*lange, verschachtelte Sätze*
geläufige Wörter		ungeläufige Wörter
Fachwörter erklärt		*Fachwörter nicht erklärt*
konkret		abstrakt
anschaulich		*unanschaulich*

Diese „Dimension" bezieht sich auf die sprachlichen Merkmale von Texten, insbesondere auf Wortwahl und Satzbau. Die sprachlichen Merkmale sind wichtig, aber vermutlich im allgemeinen weniger wichtig für das Verstehen von Texten als die gedankliche Gliederung (vgl. dazu besonders GROEBEN).

Grundsätzlich ist es empfehlenswert, möglichst einfache, also häufig auftretende Wörter und einfache Sätze zu verwenden.

Allerdings: Für Fachleute sind Fachbegriffe häufig verständlicher als deren Umschreibung in Umgangssprache. Überhaupt können für Zuhörer mit umfangreichen inhaltlichen und sprachlichen Vorkenntnissen schwierigere Wörter und komplexere Satzstrukturen mindestens ebenso eingängig sein wie einfache Formulierungen. Ein mittleres Ausmaß an sprachlicher Schwierigkeit kann zu gründlicheren Verarbeitungsprozessen führen als größtmögliche

sprachliche Einfachheit.
Auch Stilfragen spielen eine große Rolle: Die sprachliche Form sollte zur sozialen Situation passen.

3. Kürze

Kürze – Prägnanz	++ + 0 – – –	Weitschweifigkeit
zu kurz		zu lang
aufs Wesentliche beschränkt		*viel Unwesentliches*
gedrängt		breit
aufs Lehrziel konzentriert		*abschweifend*
knapp		ausführlich
jedes Wort ist notwendig		*vieles hätte man weglassen können*

Nicht so kurz wie möglich, sondern weder zu kurz noch zu lang ist das Optimum. Konkrete Beispiele machen z.B. den Text länger, können aber das Verständnis sehr fördern. – Im Zweifelsfall sollte man sich eher kürzer fassen.

4. Anregung

Anregende Zusätze	++ + 0 – – –	Keine anregenden Zusätze
anregend		nüchtern
interessant		*farblos*
abwechslungsreich		gleichbleibend neutral
persönlich		*unpersönlich*

Zusätzliche anregende Elemente sind besonders dann nützlich, wenn sich die Zuhörer nicht schon von sich aus stark für das Thema interessieren. Einige Möglichkeiten: Erzählung eigener Erlebnisse, mitgebrachte Gegenstände, Bilder; anschaulicher, bildhafter und/oder witziger sprachlicher Ausdruck; nonverbale Komponenten des Sprechens, wie Lächeln, Blick.

Anregende Elemente fördern nur dann das Verständnis, wenn der Text eine gute gedankliche Struktur hat; sonst wirken sie eher ablenkend oder verwirrend. Auch können sie den Text zu lang machen. Am günstigsten ist es, wenn anregende Zusätze kurz und ganz auf das Informationsziel ausgerichtet sind.

Arbeitsblatt: Ratschläge für verständliches Reden

Vorbereitung

1. Sich fragen:
- ☐ Was will ich sagen? Habe ich selbst alles verstanden, was ich sagen will?
- ☐ Was will ich erreichen?
- ☐ An wen richtet sich die Rede? Das können verschiedene Adressatengruppen zugleich sein!

2. Vor der Rede über das Thema mit einigen von den Leuten, an die sich die Rede wendet, sprechen und herausfinden:
- ☐ Was interessiert die Hörer an dem Thema?
- ☐ Was wissen sie schon darüber?
- ☐ Wie reden sie darüber?
- ☐ Wo könnte man am besten ansetzen, um das Neue an sie heranzutragen?

3. Handlungsanweisungen schriftlich fassen und mit geeigneten „Testpersonen" vorher ausprobieren, ggf. überarbeiten.

Zur Rede selbst

Gliederung/Ordnung:

Innere Ordnung:

Es sollte klar sein, worum es geht. Informationshappen in richtiger Größe, Menge und Reihenfolge servieren. (Fachleute vertragen schwerere Kost.)

- ☐ Zuerst das Interessante und Wichtige bringen.
- ☐ Thema höchstens in fünf, besser nur vier oder am besten nur drei Unterthemen gliedern.
- ☐ Das Bekannte/Einfache/Allgemeine vor dem Unbekannten/Komplizierten/Speziellen.
- ☐ Handlungen und Geschehnisse in der richtigen Reihenfolge behandeln.

Auch die sachliche und psychologische Ordnung kann man übertreiben. Es kann im Gegenteil manchmal wirkungsvoll sein, die Zuhörer zunächst mit unerwarteten Fragen oder Widersprüchen zu konfrontieren und sie so gespannt zu machen.

Äußere Gliederung:

☐ Durch gliedernde Vor- und Zwischenbemerkungen kann man die Aufmerksamkeit der Zuhörer auf das Wichtige lenken. Am Schluss kann man das Wichtigste zusammenfassen. Aber nur, wenn es wirklich zum besseren Verstehen beiträgt!

☐ Man kann bei einem Vortrag die Gliederung schriftlich (Folie, Handout) verdeutlichen.

☐ Schaubilder können sehr verständnisfördernd sein.

☐ Die Sprechweise (Lautstärke, Deutlichkeit, Betonung, Pausen) sollte wie das Layout bei gedruckten Texten zweckmäßig und angenehm sein.

Einfachheit:

Meist ist es gut, etwas so auszudrücken, wie es die Hörer auch formulieren könnten. Geläufige (kurze, häufige) Wörter verwenden; nicht übertreiben! Konkret und anschaulich sprechen.

Fachwörter erklären (beiläufig, damit sich die Hörer nicht belehrt fühlen). Viele kurze Sätze (nicht übertreiben!).

Kürze:

Nicht zu kurz, auf keinen Fall zu lange reden!

Anregung (Unterhaltung):

Schon das Bemühen, die Zuhörer zu unterhalten, wird meist belohnt; es kann aber auch unseriös oder anbiedernd wirken.

Möglichkeiten für Anregung:

Von einem Erlebnis berichten; Personen kommen im Text vor und sagen etwas; Anekdoten; mitgebrachte Gegenstände, Bilder usw.; lustige Zeichnungen; lustige Wörter oder Wortneuschöpfungen usw.

Nachbereitung

Zuhörerreaktionen sammeln, auswerten und versuchen, es bei ähnlichen Informationsreden noch besser zu machen.

Arbeitsblatt: Die Verständlichmacher stellen sich vor

Die vier Verständlichmacher (und ihre Gegenteile) stellen sich vor. Aber sie sagen ihren Namen nicht, man muss sie so erkennen.

Lösungswörter: Einfachheit. Kompliziertheit. Übersichtlichkeit. Unübersichtlichkeit. Kürze. Weitschweifigkeit. Anregung. Keine Anregung.

1. Mein Name: _____ . Ich tue alles, damit der Leser sich im Text zurechtfindet. Folgende Mittel stehen mir dafür zur Verfügung:

Sichtbare Gliederung. Erreichbar z.B. durch Absätze und Überschriften.

Logische Reihenfolge. Alles kommt der Reihe nach und nicht wild durcheinander.

Hervorhebungen des Wichtigsten. Zum Beispiel Wörter oder Gedanken, auf die es besonders ankommt, werden <u>unterstrichen.</u>

2. Bei mir kommt alles hintereinander weg. Ich mache keine Absätze. Ich heiße _____ . Man merkt kaum, wie der Text aufgebaut ist. Ich heiße so, weil vieles durcheinander geht, und wichtige Wörter oder wichtige Sätze werden nicht unterstrichen. Der Leser weiß nicht, wie alles zusammengehört und wohin die Reise geht.

3. Hallo Fans! Ich heiße _____ und versuche ein bisschen Leben in die Bude zu bringen. Ich bin sozusagen das Salz in der Informationssuppe. Ohne mich hätte sie denselben „Nährwert", aber mit mir ist sie schmackhafter.

Ich bekomme täglich Dankesbriefe aus aller Welt. „Liebe _____ „_____ – schrieb einer meiner Stammkunden, „wenn ich dich nicht hätte, würden meine Leser einschlafen!" Ich schrieb zurück: „Schreiben Sie mal über ein interessantes Thema – dann brauchen Sie mich vielleicht nicht mehr!" – Ob er jetzt beleidigt ist?

4. Mein Name ist _____ . Ich verzichte auf alles, was den Text durch den Stil beleben könnte. Ich vertraue darauf, dass der Inhalt von sich aus Interesse weckt und keine Unterstützung braucht durch die Art, eine Sache darzustellen. Ich nehme die Gefahr auf mich, langweilig zu wirken.

5. Ich heiße _____ . Bei mir kann man alles gut verstehen: ich mache kurze Sätze. Ich verwende Wörter, die jeder kennt. Ich bringe die Sachen anschaulich, so dass sich jeder was darunter vorstellen kann. Ich rede wie ein normaler Mensch, nicht wie ein Universitätsprofessor.

6. Mein Name ist _____ , woraus die Gegensätzlichkeit zu dem soeben Vorgestellten ersichtlich sein dürfte. Bei mir werden auf hohem Abstraktionsniveau durch extrem verschachtelte Satzkonstruktionen und unter vielfältiger Verwendung von Fremd-, Fach- und sonstwie esoterischen Wörtern hochelaborierte Sprachmuster (nicht selten zu Prestigezwecken) produziert.

7. Gestatten: „ _____ ". Wenig Worte. Die Sache beim Namen genannt. Klipp und klar. Nicht viel bla bla, nur das Wichtigste. Manchmal zu gedrängt.

8. Gestatten, dass ich mich vorstelle:
Mein Name ist _____ . Mit diesem Namen sind meine Eigenschaften, also das, woran man mich erkennen kann, schon angedeutet: Ich liebe es, viele Worte zu machen. Oder anders ausgedrückt: Ich hasse es, mich kurz zu fassen. Oft erkläre ich die Sache recht ausführlich und umständlich. Obwohl man mit wenigen Sätzen alles Wichtige hätte sagen können. Manchmal schweife ich auch vom Thema ab oder berühre viele Nebensächlichkeiten. Auch bin ich ein Meister in der Fähigkeit, ein- und dasselbe mit verschiedenen Worten zu wiederholen. Ich sage dann im Grunde nichts Neues, nur noch einmal dasselbe in anderer sprachlicher Verkleidung. Und wenn ich erst einmal richtig in Fahrt komme, dann gerate ich vom Hundertsten ins Tausendste.

Die Verständlichmacher stellen sich vor

Zur vertiefenden Wiederholung der Grundbegriffe kann den Schülerinnen der „Test" (s. S. 74 f.) vorgelegt werden. Darin stellen sich die vier „Verständlichmacher" und ihre Gegenteile in insgesamt acht Texten vor. Der richtige Name ist weggelassen und soll von den Schülerinnen eingesetzt werden. Der „Test" stammt aus einem Kurs besonders für das 8. und 9. Schuljahr. Er ist aber mit einem entsprechenden Hinweis auch gut für ältere Schülerinnen und Erwachsene geeignet.

Lösungen:
1. Übersichtlichkeit, 2. Unübersichtlichkeit, 3. Anregung, 4. Keine Anregung, 5. Einfachheit, 6. Kompliziertheit, 7. Kürze, 8. Weitschweifigkeit.

Verständlichkeit überprüfen

Die folgende Übung stammt ebenfalls aus SCHULZ V. THUN u. a.: „Verständlich informieren. Trainingsprogramm Deutsch". Sie ist in erster Linie für das 8. und 9. Schuljahr gedacht.

Die Schülerinnen sollen vier Stundenprotokolle der gleichen Sozialkundestunde in einer 8. Klasse auf ihre Verständlichkeit hin beurteilen. Zunächst sollen sie die Texte der Reihe nach jeweils in den „Dimensionen" Gliederung/Ordnung, Einfachheit, Kürze und Anregung beurteilen. Dabei wird hohe Ausprägung mit „+", mittlere Ausprägung mit „0" und geringe Ausprägung mit „–" vermerkt. Auf der Grundlage dieser Beurteilung sollen sie dann das ihrer Meinung nach verständlichste Stundenprotokoll auswählen. Die Schülerinnen bekommen ein Arbeitsblatt mit den vier Stundenprotokollen ausgehändigt (s. S. 79 ff.). Sie beurteilen die Texte zunächst in Einzelarbeit nach den einzelnen „Dimensionen" und bilden dann Gesamturteile über die Verständlichkeit der Protokolle.

Danach werden die Schülerinnen aufgefordert, ihre Beurteilungen in Partnerarbeit zu vergleichen und zu diskutieren. Nun wird abgestimmt, welchen Text die Schülerinnen für den verständlichsten halten, indem die Lehrerin jeweils die Stimmen für die Texte A, B, C und D ermittelt. Die meisten Stimmen dürften, wie es auch der Beurteilung des Trainingsprogramms entspricht, auf Text B entfallen.

Anschließend gibt die Lehrerin die Beurteilung aller Protokolle aus dem Trainingsprogramm bekannt. Sie erstellt dazu an der Tafel o.ä. folgende Tabelle:

Gliederung	Einfachheit	Kürze	Anregung
A –	0	0	0
B +	+	+	–
C +	–	–	–
D 0	+	–	+

Text B wird damit als der verständlichste beurteilt. „Die fehlende Anregung ist nicht schlimm bei einem Protokoll." (Trainingsprogramm S. 44)

Text C wird im Trainingsprogramm wegen mangelnder Einfachheit als schlecht verständlich eingestuft. Manche Schülerinnen könnten sich jedoch für diesen Text als den verständlichsten entscheiden: Die wenigen Fremdwörter machen ihnen vermutlich keine Schwierigkeiten; sie sind das Lesen komplexerer, längerer Sätze gewohnt und ziehen sie vor.

Text D wird als mäßig verständlich eingestuft. An diesem Text ist interessant, dass er zwar keine sichtbare Gliederung hat, aber doch gedanklich gut aufgebaut ist. Also: keine äußere, aber doch eine gute innere Gliederung/Ordnung. Der Text enthält einige anregende witzige Formulierungen und lebendige Beispiele.

Text A ist schlecht verständlich, vor allem wegen mangelnder Gliederung/Ordnung.

Diese Beurteilungen können noch kurz diskutiert werden.

Mündliches Protokoll

Als Fortsetzung bittet die Lehrerin einige Schülerinnen, den Protokolltext B als mündliches Protokoll vorzutragen. Dabei sollen sie sich eng an den Text halten. Allerdings sollten die stichwortartigen Verkürzungen der Vorlage sprachlich ergänzt werden. Vor allem müssen die graphischen Gliederungsmittel in sprechsprachliche umgesetzt werden, z.B. durch gliedernde Vor- und Zwischenbemerkungen.

Diese rhetorische Übung lässt den Schülerinnen kaum Raum für individuelle Entfaltung. Andererseits gibt sie ihnen Gelegenheit, besonders auf deutliches, flüssiges, sinngemäßes Sprechen in der richtigen Lautstärke und Geschwindigkeit und auf das körperliche Verhalten (ruhige, aufrechte Körperhaltung, angemessener Blickkontakt) zu achten. Der mündliche Protokolltext sollte etwa lauten:

„Ich gebe jetzt das Protokoll der letzten Sozialkundestunde.
Wir behandelten das Thema: Ist Werbung gut oder nicht?
Diskussionsleiter waren zwei Schüler.
Es war eine erregte Diskussion mit vielen Argumenten für und gegen Werbung.

Ich nenne zunächst zwei der Argumente für Werbung:
❏ *Jeder Mensch hat seinen eigenen Willen, so dass man nicht von der Werbung beeinflusst werden kann.*
❏ *Durch Werbung wird das Warenangebot bekanntgemacht.*
Gegen Werbung wurden im wesentlichen folgende drei Argumente vorgebracht:
❏ *Leute werden zum Kauf schlechter Ware überredet.*
❏ *Leute werden überhaupt zum Kaufen überredet.*
❏ *Werbung verteuert die Waren.*

Es wurde vorgeschlagen, staatlich durchgeführte Tests sollten den Käufern bei Entscheidungen helfen. Am Ende wurde beschlossen: Alle Schülerinnen und Schüler überlegen sich bis zur nächsten Stunde, also für heute, Argumente für und gegen Werbung, und zwar schriftlich.“

Die Lehrerin kann selbst als erste oder in die Reihe der mündlichen Protokolle von Schülerinnen eingeschoben ein vorbildliches mündliches Protokoll vortragen. Die Leistungen der Schülerinnen werden nur kurz kommentiert, z.B.: „Gut, aber ab und zu die Zuhörerinnen anschauen!“ Am besten ist es, wenn die Lehrerin jeder Teilnehmerin schon vor Beginn des Sprechens einen auf sie abgestimmten Hinweis gibt, z.B.: „Fest auf beiden Beinen stehen, Zuhörerinnen ab und zu freundlich anschauen!“

Vier Stundenprotokolle

Text A

Protokoll

In der letzten Sozialkundestunde behandelten wir das dufte Thema Werbung. Die Diskussion verlief ziemlich heiß, so dass am Ende der Stunde eine ziemlich große Uneinigkeit zwischen allen bestand. Wir beschäftigten uns mit der Frage, ob Werbung gut oder schlecht sei. Einige Schüler meinten, Werbung sei nicht gut, mit der Begründung, die Leute würden überredet, Sachen zu kaufen, obwohl diese gar nicht gut seien (mit anderen Worten, man wird immer angeschmiert). Andere meinten, man würde zum Kaufen überredet, auch wenn man gar nichts kaufen wolle. Dieser Meinung hielten andere entgegen, dass jeder Mensch ja einen eigenen Willen besitze (Zwischenrufe: Hört, hört!). Die Werbung sei kostenintensiv, was die Ware verteuere. Ein Argument für Werbung war, dass die Leute informiert seien, was es alles für Waren gäbe. Ein Schüler machte den Vorschlag, dass der Staat alle Waren testen solle, so dass sich dann jeder nach den Testergebnissen entscheiden könne. Am Anfang hatten wir zwei Diskussionsleiter gewählt, die beide keine leichte Aufgabe hatten. Am Ende der Stunde wurde folgendes vereinbart: Jeder sammelt zur nächsten Stunde Argumente für und wider Werbung.

G/O: _____ E: _____ K: _____ A: _____

Text B

Protokoll: Sozialkundestunde am 25.10.1974 in der S 8 a.

Thema: Ist Werbung gut oder nicht?

Diskussionsleiter: Zwei Schüler.

Ablauf: Erregte Diskussion mit vielen Argumenten.

Argumente für Werbung:

❏ Jeder Mensch hat einen eigenen Willen, so dass man nicht von der Werbung beeinflusst werden kann.

❏ Durch Werbung wird das Warenangebot bekanntgemacht.

Argumente gegen Werbung:

❏ Leute werden zum Kauf schlechter Ware überredet.

❏ Leute werden überhaupt zum Kaufen überredet.

❏ Werbung verteuert die Waren.

Vorschlag: Staatlich durchgeführte Tests sollen den Käufern bei Entscheidungen helfen.

Beschluss: Jeder Schüler überlegt sich bis zur nächsten Stunde Argumente für und gegen Werbung (schriftlich).

G/O: _____ E: _____ K: _____ A: _____

Text C

Protokoll: der Sozialkundestunde vom 25.10.1974 in der S 8 a.

Thema: Ist Werbung gut oder nicht? Eine Auseinandersetzung über die Funktionen der Werbung mit ihren positiven und negativen Aspekten. Die Diskussionsleitung wurde von zwei Schülern übernommen. Der Ablauf der Diskussion war ziemlich lebhaft mit Tendenzen in den chaotischen Bereich. Mehrfach musste der Lehrer eingreifen, da ein geordneter Ablauf der Diskussion in den Bereich der Unmöglichkeit geriet. Die Diskussion lässt sich in folgende inhaltliche Abschnitte einteilen:

1. *Argumente, die Werbung befürworten.*

a) Der Vorwurf der Manipulation des Verbrauchers ist insofern ungerechtfertigt, als jeder Mensch in mehr oder weniger großem Ausmaß einen eigenen Willen besitzt und somit in seinen Entscheidungen von Werbung nicht oder nur wenig beeinflusst wird.

b) Die Werbung besitzt den einzigartigen Vorteil, dass sie das große Warenangebot transparenter und den Markt durchsichtiger macht.

2. *Argumente, die Werbung nicht befürworten.*

a) Manipulation zum Kauf schlechter Waren.

b) Manipulation zum Kauf überhaupt, d.h. der Verbraucher wird zum Kauf von Waren überredet, obwohl bei ihm keine Primärmotivation vorhanden ist.

c) Die erheblichen Aufwendungen für die Werbung werden auf den Preis aufgeschlagen, was die Waren verteuert.

3. *Weiterführende Vorschläge*

Ein staatlich organisiertes Test- und Informationsinstitut ermöglicht dem Verbraucher einen guten Marktüberblick und eine an relevanten Kriterien orientierte Kaufentscheidung.

4. *Beschluß:*

Jeder Schüler versucht, bis zur nächsten Stunde die Argumentationspalette durch neue Argumente zu bereichern.

G/O: _____ E: _____ K: _____ A: _____

Text D

Protokoll: Sozialkundestunde am 25.10.74.

In der Tat: Das Thema der Stunde war sehr interessant. Ist Werbung gut oder nicht (das ist die Frage!!)? Diskussionsleiter waren zwei Schüler, die die Diskussion in eiskaltem Stil leiteten. Den Ablauf kannst du dir in etwa so vorstellen: Im ganzen ziemlich heiß, zeitweilige Turbulenzen. Argumente für Werbung waren: Man kauft nur das, was man haben will (oder du etwa nicht?). Folglich kann Werbung nicht verführen. Durch Werbung wird das Warenangebot bekanntgemacht, d.h. du weißt, was es so alles zu kaufen gibt („Du weißt, was Frauen wünschen").

Gegen die Werbung waren diese Argumente: Man kann so richtig durch die Werbung angeschmiert werden. Du kaufst dann z.B. Waren, die ihr Geld gar nicht wert sind. Die Leute werden zum Kaufen überhaupt überredet. Sie werden z.B. durch sexige Mädchenbeine und üppige Busen verführt (das kann sogar einen Opa vom Stuhl reißen). Werbung verteuert die Waren (und der kleine Mann muss zahlen). Der folgende bestechende Vorschlag wurde von einer Schülerin gemacht, die sich sonst an der Diskussion nur wenig beteiligt hatte: Der Staat testet die Waren und informiert die Bürger. Beschluss: Jeder Schüler (Wer's glaubt, wird selig!) überlegt sich zum nächsten Mal: Welche anderen Argumente sprechen für und gegen Werbung?

G/O:_____E: _____ K: _____ A: _____

Rede nach vorgegebenem Konzept

Die Lehrerin kann den Schülerinnen Redekonzepte vorgeben. Die Vorlagen können mehr oder weniger ausgeführt sein. Jedenfalls soll es darum gehen, einen vorgegebenen Inhalt vorzutragen; eigene Gedanken und Stellungnahmen sollen nicht vorgetragen werden. Es können jeweils drei Schülerinnen nach einem vorgegebenen Konzept sprechen; ihre Reden können anschließend kurz verglichen werden.

Der Sinn solcher Übungen besteht in der Einübung gegliederten Redens nach Stichworten. Da die Schülerinnen weitgehend von der inhaltlichen Konzeption entlastet sind, können sie sich auf die sprachlichen Details und die Präsentation ihrer Reden konzentrieren. – Die Lehrerin kann Vorlagen wählen, die zur Einführung oder Vertiefung eines Unterrichtsthemas dienen.

Ein Beispiel für eine solche Übung:
Drei Schülerinnen bekommen die schematische Darstellung „Ursachen mangelnder Konzentration" aus ERNST OTT: Das Konzentrationsprogramm. (Stuttgart 1975) Reinbek 1977, rororo-TB 7099 (s. S. 85). Nach diesem Konzept sollen sie ihre Reden halten. Zusätzlich kann die Lehrerin ihnen die ausführlichen Darlegungen aus diesem Buch S. 27-36 zu lesen geben. (Dieser Text ist hier nicht wiedergegeben.) Die Schülerinnen brauchen Vorbereitungszeit, am besten von einem Unterrichtstag zum nächsten. Reden nach dem wiedergegebenen Konzept kommen leicht auf eine Dauer von zehn Minuten. Deshalb sollte die Lehrerin die Rednerinnen bei diesem Beispiel um eine knappe Ausdrucksweise und die Einhaltung einer Redezeit von etwa fünf Minuten bitten.

Als Vorlagen für solche Übungen eignen sich vorbildlich abgefaßte, kurze Lehrtexte (eher kürzer als beim hier skizzierten Beispiel). Solche Texte enthalten meist bereits eine gute Gliederung; die Lehrerin kann aus ihnen leicht ein gegliedertes Stichwortkonzept für die Schülerinnen erstellen.

Das Buch von CHRISTIANE SEITZ: Funkkollegs auf dem Prüfstand. Zur Verständlichkeit naturwissenschaftlicher Lehrtexte. Alsbach 1989, vertieft an konkreten Beispielen das Thema „Verständlichkeit". Es enthält ausführliche Analysen von Beispieltexten aus den Funkkollegs „Psychobiologie" und „Biologie". Einer der dort wiedergegebenen und am besten beurteilten Texte behandelt das Thema „Angeborenes Verhalten und sein Nachweis" auf Hochschulanfängerniveau. Er könnte m. E. in höheren Klassen einer Übung nach dem hier beschriebenen Beispiel zugrunde gelegt werden.

Hartmut Küttels Aufsatz „Eine kleine Kommaschule" (Deutschunterricht, 50. Jg., H. 2, 1997, S. 58-66) enthält als Unterrichtsanregung „Aus dem Manuskript für ein Schulbuch. Klasse 9. Gymnasium" ein Schema „Die Kommaregeln im Überblick" und dazu u.a. die Aufgabe: „Entwickeln Sie aus der Übersicht einen zusammenhängenden Text, in dem Sie für jeden Fall eine Regel formulieren und ihn mit einem Beispiel belegen!" Diese und entsprechende Aufgaben können für Redeübungen genutzt werden: Die Schülerinnen können in vorbereiteten mündlichen Referaten Schaubilder zu Rechtschreibungsthemen vor der Klasse erläutern. Dabei können zwei oder drei verschiedene Referate zu einem Schaubild gehalten und dann verglichen werden.

Ursachen mangelnder Konzentration

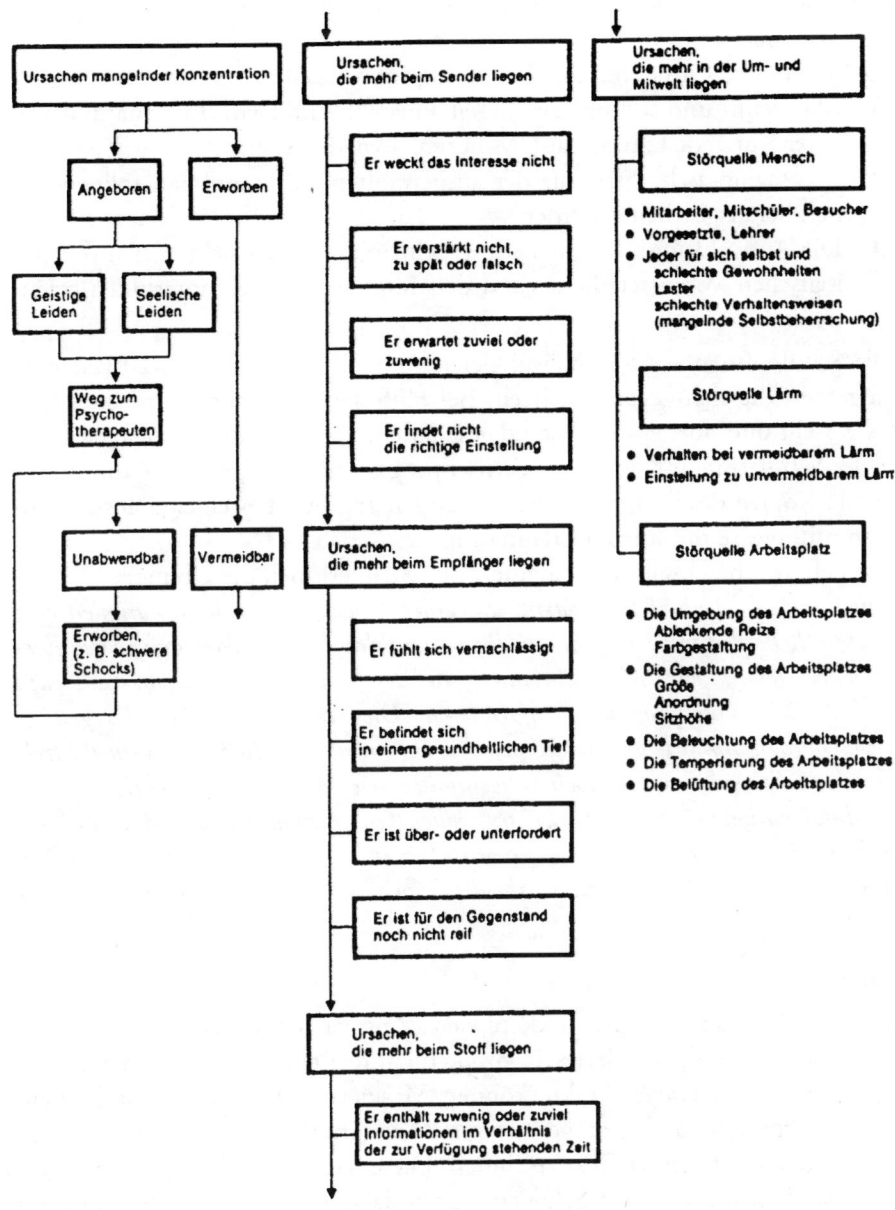

Ursachen mangelnder Konzentration

Angeboren — Erworben

Geistige Leiden — Seelische Leiden

Weg zum Psycho-therapeuten

Unabwendbar — Vermeidbar

Erworben, (z. B. schwere Schocks)

Ursachen, die mehr beim Sender liegen

Er weckt das Interesse nicht

Er verstärkt nicht, zu spät oder falsch

Er erwartet zuviel oder zuwenig

Er findet nicht die richtige Einstellung

Ursachen, die mehr beim Empfänger liegen

Er fühlt sich vernachlässigt

Er befindet sich in einem gesundheitlichen Tief

Er ist über- oder unterfordert

Er ist für den Gegenstand noch nicht reif

Ursachen, die mehr beim Stoff liegen

Er enthält zuwenig oder zuviel Informationen im Verhältnis der zur Verfügung stehenden Zeit

Ursachen, die mehr in der Um- und Mitwelt liegen

Störquelle Mensch

- Mitarbeiter, Mitschüler, Besucher
- Vorgesetzte, Lehrer
- Jeder für sich selbst und schlechte Gewohnheiten Laster schlechte Verhaltensweisen (mangelnde Selbstbeherrschung)

Störquelle Lärm

- Verhalten bei vermeidbarem Lärm
- Einstellung zu unvermeidbarem Lärm

Störquelle Arbeitsplatz

- Die Umgebung des Arbeitsplatzes Ablenkende Reize Farbgestaltung
- Die Gestaltung des Arbeitsplatzes Größe Anordnung Sitzhöhe
- Die Beleuchtung des Arbeitsplatzes
- Die Temperierung des Arbeitsplatzes
- Die Belüftung des Arbeitsplatzes

85

Zum Umgang mit Informationsfülle

Die Übung ist für Schülerinnen ab dem 7. Schuljahr, aber auch für Erwachsene geeignet.

Als wesentliche Einsichten soll die Übung vermitteln:

❏ Man kann und soll nur einen Teil einer Überfülle von Informationen in einer Kurzrede („maximal 5 Minuten!") wiedergeben.

❏ Die sachlogische Struktur der ausgewählten Informationen sollte deutlich herausgearbeitet werden.

❏ Die Auswahl und die Gliederungsprinzipien sollten sich an den psychologischen Voraussetzungen und den Interessen der Zuhörerinnen orientieren.

Die Schülerinnen werden in zwei gleich große Gruppen zu je 6-10 Personen aufgeteilt, die sich gegenübersitzen. Bei Hufeisensitzordnung wird die Mitte festgestellt und dort etwas Abstand geschaffen. Dann bekommt die eine Hälfte der Schülerinnen Kopien des Fernsehprogramms vom gestrigen, die andere Hälfte Kopien des Programms vom heutigen Tag. Am besten eignen sich Programmhinweise mit kurzen Erläuterungen.

Die Lehrerin beschreibt und erläutert den Schülerinnen die Übung:

„Eure Aufgabe besteht jetzt darin, aus einer Überfülle von Informationen eine verständliche Kurzrede zu machen. Ihr sollt in drei bis fünf Minuten in geordneter Form jeweils eure Mitschülerinnen aus der anderen Gruppe über das euch vorliegende Fernsehprogramm informieren. Die eine Gruppe hat das gestrige Fernsehprogramm, die andere das heutige. Ihr müsst natürlich eine Auswahl treffen. Ihr sollt weder zu viel noch zu wenig bringen. Vor allem ist wichtig, dass ihr die Informationen nach möglichst sinnvollen Gesichtspunkten auswählt und anordnet. Sinnvoll ist besonders, was den Zuhörerinnen nützt. Macht euch also Gedanken, nach welchen Prinzipien ihr die Informationen am besten auswählt und gliedert!"

Vorbereitung

Jede Schülerin soll eine Kurzrede planen (Zeit: ca. 10 Min.). Am besten notiert sich jede ein gegliedertes Konzept für ihre Rede in Stichworten auf einem Zettel. Für einige Punkte können Markierungen, z.B. gleiche Zahlen, im Konzept und auf dem gedruckten Programm angebracht werden, um schnell den betreffenden Text zu finden. Diese Methode sollte sparsam eingesetzt werden, weil es sonst Schwierigkeiten dabei gibt, beim Reden zwischen Konzept und Programm hin- und herzuspringen.

Erster Teil

Nach der Vorbereitung der Reden fordert die Lehrerin zunächst drei Schülerinnen der Gruppe mit dem gestrigen Programm auf, die andere Gruppe zu informieren. Diese themengleichen Kurzreden werden nacheinander gehalten.

Dann werden die Schülerinnen der Zuhörgruppe gebeten, die drei Fassungen zu vergleichen und zu sagen, welche Fassung ihnen am meisten gefallen hat und warum.

Am besten ist es, wenn die Schülerinnen in der Zuhörergruppe ihre Stellungnahmen der Reihe nach abgeben. Jede der ca. 6-10 Zuhörerinnen soll in wenigen Sätzen ihre wesentlichen Eindrücke äußern; das ist auch eine Redeübung!

Bei der Nachbesprechung sollte spätestens in der Stellungnahme der Lehrerin darauf eingegangen werden, ob und inwieweit die Kurzreden überhaupt gegliedert waren.

Als Gliederungsprinzipien sind möglich:

❏ zeitliche Folge
❏ die einzelnen Sendeanstalten
❏ Themengebiete: Spielfilme, Unterhaltung, Politik, Kultur, Sport, Wissenschaft u. ä..

Am sinnvollsten ist wohl eine Kurzrede über das gestrige Fernsehprogramm, wenn dabei das Ziel verfolgt wird, die thematischen Schwerpunkte des gestrigen Programms hervorzuheben und zu beurteilen. Die Beurteilung des Programms sollte weder dogmatisch noch ausschließlich subjektiv sein, sondern berücksichtigen, dass es unterschiedliche Interessen und Geschmacksrichtungen der Fernsehzuschauer gibt, besonders auch in der Zuhörergruppe.

Da es um bereits vergangene Sendungen geht, ist es meist entbehrlich, die genauen Uhrzeiten anzugeben. Bei der Auswahl der erwähnten Sendungen sollten regelmäßig wiederkehrende, wie die Tagesschau, weggelassen werden.

Zweiter Teil

Im zweiten Teil der Übung reden drei von der Lehrerin jetzt erst ausgewählte Schülerinnen der Gruppe, die das heutige Fernsehprogramm bekommen hat. Darauf folgt eine Besprechung der drei Reden zusammen, wie vorher. Am besten beschränken sich die Rednerinnen diesmal im wesentlichen bei der Auswahl der erwähnten Sendungen auf diejenigen, die die Zuhörerinnen tatsächlich noch sehen können. Von den Gliederungsmöglichkeiten ist wohl wieder die nach Themengebieten die beste.

Bei diesem zweiten Teil der Übung ist es zuhörergerecht, zuerst eine Sendung zu nennen und zu beschreiben und anschließend Uhrzeit und Sender anzugeben: Zunächst entscheidet die Zuhörerin, ob sie die Sendung überhaupt interessiert; dann merkt sie sich gegebenenfalls, wann und wo sie die Sendung sehen kann. Beispiel: *„Was Spielfilme betrifft: Davon gibt es heute Abend zwei. Der eine – ‚Grieche sucht Griechin‘, von 1966, mit Heinz Rühmann: Viertel nach acht in der ARD. Der andere …“*

Bei der hier beschriebenen Übung ist es von Vorteil, dass die Schülerinnen keine Zeit und Mühe auf die Stoffsammlung zu verwenden brauchen und sich deshalb ganz auf das Übungsziel konzentrieren können. Langeweile kommt nicht auf: Für den zuhörenden Teil der Übungsteilnehmerinnen sind die Informationen jeweils neu. Auch ist der Vergleich von drei Wiedergaben desselben Gegenstandes anspruchs- und reizvoll. Zudem haben die Rednerinnen Gelegenheit, durch witzige Formulierungen sowie durch zusätzliche eigene Informationen und Bewertungen inhaltlich Neues, Persönliches beizutragen.

Die Aufteilung der Schülerinnen in zwei Gruppen, von denen die eine die andere informiert, erscheint mir überwiegend günstig:

❏ Es wird „echt" informiert, weil die angesprochene Gruppe die Informationen nicht hat und in der Regel nur aus den Kurzreden bekommt.

❏ Die Schülerinnen sind als Gruppen einmal in der Rolle der Informierenden, die im Besitz der vollen Information sind, und einmal in der Rolle der Informationsempfängerinnen: Das könnte sie verstärkt dazu befähigen, sich beim Reden in die Lage ihrer Zuhörerinnen zu versetzen.

Zwar kann jede Schülerin ihre Rede, auch wenn sie sie nur geplant und nicht vorgetragen hat, mit den gehaltenen vergleichen. Aber möglicherweise sind einige Schülerinnen doch frustriert, weil sie ihre vorbereiteten Kurzreden nicht „loswerden" können. Dem sollte die Lehrerin durch die Auswahl der Rednerinnen bei dieser Übung und im weiteren Verlauf des Kurses entgegenzuwirken versuchen.

Varianten: Der beschriebene Übungsablauf lässt sich auch mit anderen Themen durchführen. Bei einem Kurs mit Bonner Studentinnen ließ ich z.B. die eine Gruppe die andere über die Geschichte der Universität Bonn informieren; die andere informierte die eine über die Bibliotheken der Universität.

Die Studentinnen bekamen dafür jeweils recht umfängliche Vorlagen für beide Themen aus dem Vorlesungsverzeichnis.

Literatur:
BERTHOLD, SIEGWART: „Das Fernsehprogramm". Eine rhetorische Übung zum Umgang mit Informationsfülle. In: Sprechen, 4. Jg., H. 1, 1986, S. 35-38

Ein Vortrag nach amtlicher Gliederung

Ab 10. Schuljahr

Die Anregung für die folgende Übung verdanke ich der neuen Geschäftsordnung für die Bezirksregierung von Nordrhein-Westfalen vom 4.6.1996. Der Vermerk eines leitenden Beamten auf einer Vorlage „V." heißt danach „zum Vortrag" und bedeutet, dass der zuständige Beamte den Vorgesetzten über diese Angelegenheit mündlich informieren soll. In § 35 (1) dieser Geschäftsordnung ist folgende Gliederung des Vortrags vorgeschrieben:

„Der Vortrag umfaßt die Darstellung des Sachverhalts mit den entscheidungserheblichen Tatsachen, die Abwägung der in Betracht kommenden Lösungsmöglichkeiten und einen Entscheidungsvorschlag. ..."

Diese Rahmengliederung kann die Lehrerin als Impuls für eine Redeübung verwenden: „Halten Sie Ihren Mitschülerinnen und Mitschülern einen Kurzvortrag zu einem wichtigen, aktuellen Problem nach der in dieser Geschäftsordnung vorgesehenen Gliederung, so als ob Ihre Mitschülerinnen und Mitschüler Ihre Vorgesetzten wären!" Dabei kann es um Angelegenheiten gehen, die die Klasse oder die Schule betreffen, aber auch um aktuelle politische, z.B. auch kommunalpolitische Themen.

Literatur:
Geschäftsordnung für Bezirksregierungen. RdErl. d. Innenministeriums v. 4.6.1996. MBl.NW S. 1252

5. Argumentieren

Dieses Kapitel enthält einige Beispiele für argumentative Redeübungen. Der Schwerpunkt liegt hier auf der Steigerung der praktischen Argumentationsfähigkeiten der Schülerinnen. Eine gründliche theoretische Erörterung des Argumentierens im Unterricht wäre zweifellos wünschenswert, ist aber wegen der begrenzten Zeit kaum möglich. Die theoretische Reflexion des Argumentierens sollte in Verbindung mit der Diskussion konkreter Streitfragen erfolgen.

Argumentieren ist der Versuch, andere von der eigenen Meinung zu überzeugen, indem man seine Behauptungen mit Argumenten begründet. Argumente sind Aussagen, von denen man meint, dass alle vernünftigen Menschen, insbesondere der oder die „Gegner", ihr Zutreffen einräumen müssen, wenn sie ehrlich sind. (Wenn man selbst nicht glaubt, dass sie zur Begründung geeignet sind, sind es Scheinargumente.)

Es gibt Streitfragen, bei denen es um Fakten und Naturgesetze geht (z.B.: Ist Rauchen gesundheitsschädlich?), und Streitfragen, bei denen es um moralische Normen geht (z.B.: Sollte das Rauchen in öffentlichen Gebäuden verboten werden?). Die Begründung moralischer Normen ist nicht mit der gleichen Sicherheit möglich wie die Begründung von Aussagen über Fakten und Naturgesetze, weil die Menschen die Freiheit haben, sich selbst Normen zu geben.

Theoretische Grundlagen für das Argumentieren bieten philosophische Argumentationstheorien von Aristoteles bis Habermas, aber auch die juristische Theorie. Für die Prüfung von Behauptungen über Fakten und Naturgesetze haben die Fachwissenschaften, z.B. die Physik, fast allgemein anerkannte methodische Regeln entwickelt.

Es ist wichtig, zu unterscheiden zwischen Argumentation und strategischem Verhalten, d.h. Verhalten, dem es nicht um die Wahrheit, sondern um die Realisierung von Interessen geht. Beides ist immer verbunden. Denn wer argumentiert, hat zumindest das Interesse, andere zu überzeugen. Das Argumentieren kann übrigens nicht nur zum gemeinsamen Finden des Richtigen, sondern auch in manipulativer Absicht eingesetzt werden, z.B. als Taktik, um Zeit zu gewinnen.

Gute Argumentationen können zu guten praktischen Konsequenzen beitragen, insbesondere wenn sie sich in der öffentlichen Meinung durchsetzen. Da der Mensch frei ist, kann er aber auch gegen das als richtig Erkannte handeln. So kann z.B. jemand trotz faktischer oder möglicher Einsicht in die mangelnde Rechtfertigung oder sogar Sozialschädlichkeit seiner Pläne Einzel- und Gruppeninteressen den Vorrang geben.

Nicht auf alle Fragen kann durch Argumentieren eine begründete Antwort gefunden werden. Es gibt wissenschaftliche Probleme, für die bewiesenermaßen keine Lösung möglich ist. Auch persönliche Vorlieben oder politische Langzeitprognosen lassen sich kaum hinreichend begründen.

Es kann besser sein, wegen des erforderlichen zeitlichen und materiellen Aufwands auf die argumentative Klärung einer Streitfrage zu verzichten und es z.B. bei einem Kompromiss, einer Schätzung oder einem (gerichtlichen) Vergleich bewenden zu lassen. Bei der Klärung einer Streitfrage sollte ökonomisch vorgegangen werden: Die Kontrahenten sollten gerade so viel argumentieren, wie zur Überzeugung der anderen Beteiligten erforderlich ist.

Es gibt viele Themen für argumentative Kurzreden. Für den Anfang sollten es eher konkrete, alltägliche und leicht zu beurteilende Fälle sein, z.B. Konflikte in Schule, Freizeit und Familie. In höheren Altersstufen sollten dann auch arbeitsrechtliche und öffentlich-rechtliche Streitfragen in Kurzreden und Diskussionen besprochen werden. Dabei ist zu empfehlen, dass sich Lehrerinnen und Schülerinnen anhand von Gesetzestexten, Kommentaren, Urteilen u.ä. über die Rechtslage und den juristischen Diskussionsstand informieren, wenn die herrschende Meinung der Juristen auch nicht als der Weisheit letzter Schluß angesehen werden sollte.

Im Deutschunterricht können auch literatur- und sprachwissenschaftliche Streitfragen Themen von Redeübungen werden, z.B. „Wie wichtig ist Goethes ‚Faust‘?“, oder „Einführung der gemäßigten Kleinschreibung?“ oder „Für und gegen das große I“ („SchülerInnen“ usw.).

Die Redeübungen bieten viele Möglichkeiten zur Förderung auch des Schreibens, z.B. schriftliche Gliederungen und Redekonzepte oder aus mündlichen Bearbeitungsformen hervorgegangene schriftliche Erörterungen.

Wassergeld für den Hund?

Ab 7. Schuljahr

Die folgende Übung ist recht einfach. Der den Schülerinnen vorgelegte Fall ist so gewählt, dass er zu einer klaren Entscheidung führt. Dadurch soll die Funktion der Argumentation, durchdachte Handlungsentscheidungen zu ermöglichen, unterstrichen werden. Andererseits ist doch kaum damit zu rechnen, dass alle Schülerinnen einer Meinung sein werden.

Die Lehrerin kündigt an: *„Ich werde euch einen Fall erzählen, und ihr sollt alle kurz dazu Stellung nehmen."*

Der Fall: In einem Haus sind mehrere Wohnungen. In einer Wohnung wohnt der Eigentümer und Vermieter mit seiner Familie, in einer anderen ein gutverdienender Single. Im Mietvertrag steht, dass das Wassergeld anteilig nach den im Haus lebenden Personen zu berechnen ist. Der Single schafft sich einen großen Hund an. Der Vermieter berechnet nun bei der nächsten Wassergeldabrechnung dem Single zwei Anteile am Wassergeld, da er der Meinung ist, dass ein so großer Hund bei der Abrechnung des Wassergeldes nicht unberücksichtigt bleiben könne.

Was meint ihr? Ist das richtig? Begründet eure Meinung!

Die Lehrerin kann zunächst durch Abstimmung (Ja/Nein/Enthaltung) ein Meinungsbild erstellen und dann ggf. einige Pro- und Contra-Meinungen vor der Klasse oder im Stehen vom Platz aus vortragen lassen. Dabei werden die Schülerinnen zunächst ihre Entscheidung und dann die Begründung äußern.

Dann wird im Klassengespräch geklärt: Rechtlich darf der Vermieter für den Hund kein Wassergeld berechnen, weil der Mietvertrag eine Aufteilung nach Personen vorsieht und der Hund keine Person ist.

Ob der Hund wirklich so viel Wasser verbraucht wie ein Mensch, spielt rechtlich keine Rolle: Vertraglich ist die Abrechnung des Wassergeldes nach Personen wirksam vereinbart. Es handelt sich dabei um eine pauschale Abrechnung: Ob jemand viel oder wenig Wasser verbraucht, wird nicht berücksichtigt. – Der Vermieter müsste versuchen, mit dem Mieter eine entsprechende Änderung des Mietvertrages zu vereinbaren, wenn er Wert darauf legt, auch große Hunde bei der Berechnung des Wassergeldes zu berücksichtigen. (Vgl. das Urteil des Amtsgerichts Paderborn, Az. 2 C 184/88).

Der Preis der Katze

Ab 7. Schuljahr

Die Lehrerin kündigt an: *„Ich werde jetzt eine Kurzrede halten. Die Situation ist folgende: Es gibt einen Tierhändlerclub, der sich einmal in der Woche trifft. Dabei tragen die Tierhändler ihre Probleme vor, und die anderen versuchen, in dem jeweiligen Fall einen Rat zu geben. Ich spreche in der Rolle eines Tierhändlers, und ihr seid meine Tierhändlerkollegen. Nach meiner Rede sollt ihr dazu in eigenen Kurzreden Stellung nehmen. Bitte geht auf alle meine Argumente ein. Ihr könnt euch Notizen machen.“*

Dann folgt die frei gehaltene Rede der Lehrerin, etwa:

„Liebe Kolleginnen und Kollegen,

heute Vormittag hatte ich ein Gespräch mit einem Kunden, das mich noch immer beschäftigt. Bitte sagen Sie mir Ihre Meinung dazu.

Unter anderem verkaufe ich Katzen und Papageien. Gestern Nacht hat eine Katze die Tür zu ihrem Käfig aufbekommen und einen Papagei gefressen. Heute Vormittag kam ein Interessent für die Katze in mein Geschäft. Ich verlangte 400 DM. Ich erklärte dem Kunden, dass die Katze zunächst mit 50 DM angesetzt gewesen sei, dass sie aber in der vergangenen Nacht einen Papagei im Wert von 350 DM gefressen habe. Daher müsse ich nun 400 DM für die Katze bekommen. Der Kunde war nicht bereit, meinen Preis zu akzeptieren; er wurde sogar ziemlich aggressiv. Ich konnte ihn nicht davon überzeugen, dass mein Preis korrekt und angemessen war.

Dabei ist es doch ganz offensichtlich so:

❏   *Die Katze ist mein Eigentum. Ich kann also bestimmen, zu welchem Preis ich sie verkaufen will.*

❏   *Abgesehen davon: Der Kunde kann mir nicht zumuten, bei diesem Geschäft 350 DM Verlust zu machen. Ich als Geschäftsmann muss Gewinn machen; von Verlust kann ich nicht leben.*

❏   *Außerdem hat die Katze Geschicklichkeit und Jagdeifer bewiesen. Deshalb ist zu vermuten, dass sie nicht nur Mäuse, sondern wahrscheinlich sogar auch Ratten fangen kann. Das trägt dazu bei, den nunmehr höheren Preis zu rechtfertigen.*

Liebe Kolleginnen und Kollegen, all dies führt doch eindeutig zu dem Ergebnis, dass es mir nicht nur zusteht, für die Katze 400 DM zu verlangen, sondern dass dies auch ein angemessener Preis ist. Meinen Sie nicht auch?"

Die Schülerinnen sollen sich in einigen Minuten eine Antwortrede überlegen.

❐ Darin sollen alle drei in der Rede des Tierhändlers enthaltenen Argumente berücksichtigt werden.

❐ Die eigenen Argumente sollten möglichst stichhaltig sein.

❐ Der Ton der Erwiderung sollte freundlich sein: Es handelt sich um Reden in einem Kollegenkreis, und vielleicht braucht man später einmal die Unterstützung des Kollegen.

Nach der Bedenkzeit halten drei bis fünf Schülerinnen vor der Gruppe ihre Ansprachen an den Kollegen Tierhändler.

Erwünscht wäre etwa folgende Kurzrede:

„Lieber Kollege, zunächst herzliches Beileid zu dem herben Verlust Ihres Papageis. Ich habe über das nachgedacht, was Sie gesagt haben, und mir überlegt, was ich an Ihrer Stelle tun würde.

❐ *In der Tat können Sie den Preis der Katze festsetzen, wie Sie möchten. Allerdings werden die Kunden wohl nicht bereit sein, für diese Katze 400 DM zu zahlen, wenn sie für 50 DM eine andere finden können, die ihren Wünschen genauso entspricht. Wenn Sie auf der Katze sitzen bleiben, nehmen Sie weder 400 DM noch 50 DM ein, sondern es erwachsen Ihnen noch weitere Kosten für Futter usw. Ich würde die Katze lieber für 50 DM verkaufen, als sie für 400 DM NICHT zu verkaufen.*

❐ *Es ist auch richtig, dass Sie als Geschäftsmann mindestens Ihre Ausgaben wieder hereinbekommen müssen. Allerdings werden die Kosten für solche Schäden üblicherweise bereits als Wagniszuschlag in die Preise aller Angebote einkalkuliert. Der Ausgleich des Verlusts braucht jedenfalls nicht beim Verkauf dieser einen Katze zu erfolgen. Es gibt auch keinen Grund für den Kunden, mit der Katze den gesamten Schaden zu zahlen, der durch den Tod des Papageis entstanden ist.*

❐ *Dadurch, dass die Katze den Papagei gefressen hat, ist kein zusätzlicher Nutzen der Katze für den Kunden entstanden, der die Preiserhöhung rechtfertigen würde. (Ja, wenn die Katze jetzt sprechen könnte ...)*

Nach meiner Meinung sollten Sie also die Katze zum üblichen Preis anbieten und versuchen, den ärgerlichen Verlust durch Umsatzsteigerung und den Gewinn neuer Stammkunden wettzumachen. "

Die Lehrerin kann eine solche selbst gehaltene Antwortrede zum Bestandteil der Nachbesprechung machen. Um so kürzer kann die Nachbesprechung sein. Hauptsächlich sollte dabei über die sachliche und psychologische Angemessenheit der Antwortreden gesprochen werden. Die Antwortreden der Schülerinnen sollten als bereits praxisnahe rhetorische Leistungen positiv herausgestellt werden.

Die inhaltlichen Anforderungen der Übung sind so gewählt, dass auch wenig Redegeübte ohne inhaltliche Vorbereitung die wesentlichen Punkte herausfinden und vortragen können. Damit werden Nachteile vermieden, die bei eigener Themenwahl der Schülerinnen häufig auftreten: mangelnde inhaltliche Vorbereitung; zu komplexe Thematik für eine befriedigende Behandlung in Kurzreden. Trotz des spielerischen Charakters der Übung ist der Gegenstand der Kurzreden lebensnah: Es geht um Preisgestaltung und Gespräche über Preise.

Die Übung fördert auch das genaue Zuhören: Es wird ausdrücklich die Aufgabe gestellt, auf die drei vorgetragenen Argumente einzugehen. Außerdem sind die Schülerinnen motiviert, den Antwortreden genau zuzuhören, um sie mit dem eigenen Entwurf und untereinander zu vergleichen. Hörverstehensfehler wirken sich als fehlende oder nicht passende Stellungnahmen aus. Der Vergleich wird durch die ähnliche Form der Reden erleichtert.

Die Rede der Lehrerin wirkt als Modell in der Länge sowie im Aufbau: Einleitung (mit „narratio"), dreiteilige Argumentation, Schlussteil. Die Schülerinnen lehnen sich meist an diese Form an. Damit halten sie in Länge und Gliederung praxisgerechte Kurzreden.

Die Redemotivation der Schülerinnen wird insbesondere dadurch gefördert, dass es leicht ist, gegen die vorgetragene Position recht zu behalten. Das ist ein Vorteil gegenüber Redeübungen, in denen Themen behandelt werden, bei denen zwei gegensätzliche Standpunkte mit guten Argumenten vertretbar sind. Die günstige argumentative Position der Schülerinnen macht es ihnen leicht, nachdrücklich und doch freundlich zu sprechen und so ungezwungen sicheres Redeverhalten zu üben. Dazu trägt auch die Rollenspielmethode bei: Sie hilft dabei, übermäßiges persönliches Engagement zu vermeiden, und ermöglicht so größere Flexibilität und reflexive Distanz, als wenn sofort persönliche Überzeugungen dargelegt und verteidigt würden.

Die Schülerinnen sollen dazu angehalten werden, sachlich relevante Argumente freundlich vorzutragen. Es ist leicht, zu der vorgegebenen Rede polemische Gegenreden zu halten. Diese Reaktion scheint besonders auch in einem Rhetorikkurs oft als naheliegend empfunden zu werden. Dieser meist unreflektierten Haltung soll entgegengewirkt werden. Die Schülerinnen sollen lernen, ihre Argumente im Regelfall auf eine Weise vorzutragen, die eine freundliche Beziehung zu den Zuhörern fördert. In der Übung macht die fiktive Redesituation ein freundlich-kollegiales Verhalten plausibel: Kollegen beraten Kollegen; es soll im Klub gemütlich bleiben, und man könnte einmal den Rat und die Hilfe des beratenen Kollegen brauchen. Außerdem: Wer sich angegriffen fühlt, den kann man im allgemeinen nicht überzeugen. Im Gegenteil: Gesprächspartner, die sich beleidigt fühlen, sinnen auf Rache.

Die Übung fördert die Kohärenz der Übungsgruppe, da sie als „Kollegen" sprechen und untereinander durch die gleiche Meinung verbunden sind.

Störungen könnten dadurch entstehen, dass zwar alle Schülerinnen Antwortreden planen, aber nur einige sie tatsächlich halten. Diese unterschiedliche Berücksichtigung von Schülerinnen sollte im weiteren Verlauf des Unterrichts ausgeglichen werden.

Übrigens könnten auch manipulative Reaktionsweisen auf die Darlegungen des Katzenanbieters zur Sprache kommen, z.B.: Den Katzenanbieter in seiner Meinung bestärken und ihm einen Kredit anbieten, in der Hoffnung, nach seinem absehbaren Scheitern seinen Betrieb günstig übernehmen zu können.

Es wäre reizvoll, diese Übung mit verschiedenen Argumentationstheorien in Verbindung zu bringen und zu prüfen, inwieweit die Kenntnis dieser Theorien zur Lösung des nicht unrealistischen Problems und für den praktischen Umgang mit entsprechenden Konfliktfällen hilfreich sein kann. Das würde aber im Rahmen von Schulunterricht viel Zeit kosten und nicht zu einer dem Aufwand entsprechenden Steigerung der rhetorischen Fähigkeiten der Schülerinnen führen.

Im Anschluß an diese Übung ist als unterhaltsame und, besonders was Argumentationstheorie und -praxis betrifft, lehrreiche Lektüre zu empfehlen: WIELAND, Abderiten, 4. Buch: „Der Prozeß um des Esels Schatten". Es gibt auch ein DÜRRENMATT-Hörspiel mit diesem Titel.

Literatur:
BERTHOLD, SIEGWART: Der Preis der Katze. Eine Übung zur argumentativen Kurzrede. In: Sprechen H. 2, 1984, S. 70-73
BERTHOLD, SIEGWART: Kooperative Aspekte einer Übung zur argumentativen Kurzrede. In: Weber, Alexander (Hg.): Kooperatives Lehren und Lernen in der Schule. Heinsberg: Dieck 1986, S. 320-325
BERTHOLD, SIEGWART: Übungen zur freien Rede im Deutschunterricht. In: Ehrenwirth Lehrer-Journal/Hauptschulmagazin, 5. Jg., H. 10, 1990, S. 17-21

THIELE, MICHAEL: Kann man Sprechdenken lehren? Wie denn der Fünfschritt „beyzubringen sey". In: THIELE, MICHAEL: Sprecherziehung und Rhetorik. Regensburg 1990,
S. 27-50

Der Preis des Papageis

Ab 7. Schuljahr

Die Übung gibt den Schülerinnen Gelegenheit, in einem einfachen, realisti-
schen, aber nicht allzu ernsten Fall argumentative Kurzreden zu üben. Da die
Reden kurz sind, können viele, in kleineren Klassen oder Übungsgruppen
auch alle Schülerinnen reden.

Die Lehrerin legt den Schülerinnen folgenden Fall vor:

Der Papagei eines Vogelliebhabers war entflogen und bewegte sich frei in
einer Schrebergartenkolonie. Dort erjagte ihn eine Katze, und zwar auf
dem Grundstück eines Dritten.

Der Papageienbesitzer verlangt vom Katzenbesitzer 450,- DM Schadenersatz. Sollte der Katzenbesitzer zahlen?

Die Schülerinnen sollen kurze, begründete Stellungnahmen zu dieser Frage
abgeben. Zunächst werden die möglichen Standpunkte an die Tafel o.ä. ge-
schrieben:

❏ Katzenbesitzer muss 450,- DM zahlen.
❏ Katzenbesitzer muss einen Teil zahlen.
❏ Katzenbesitzer braucht nichts zu bezahlen.

Dann wird festgestellt, wie viele Schülerinnen die jeweiligen Standpunkte
vertreten. Danach halten jeweils zwei bis drei Schülerinnen Kurzreden für jeden Standpunkt; in kleineren Gruppen können auch alle, nach Standpunkten
geordnet, sprechen. Am besten werden die Kurzreden im Stehen vom Platz
aus gehalten.

Nach den Reden der Schülerinnen liest die Lehrerin die folgende Zeitungs-
notiz vor:

Streit um getöteten Papagei

Hannover. (AP)

Wer seine Katze mit Nachbars Papagei im Maul antrifft, muss auch dann für den Schaden haften, wenn seine Katze den Vogel außerhalb des Grundstücks des Vogelbesitzers erlegt hat. Das entschied das Amtsgericht Hannover. Der Papagei des Vogelliebhabers war entflogen und bewegte sich frei in einer Schrebergarten-Kolonie, bis die Katze ihn erlegte. Da auch den Vogelbesitzer eine Mitschuld treffe, müssen sowohl Kläger als auch Beklagter den Preis für einen halben Vogel im Wert von 225 Mark zahlen. (Az: 532 C 19535/88)

Die Nachbesprechung könnte folgende Gedanken enthalten: Das Gericht hat den Schaden als durch mangelnde Sorgfalt des Papageienbesitzers mitverursacht angesehen. Was den Katzenbesitzer betrifft: Hier ist zum Verständnis des Urteils vermutlich die Tierhalterhaftung (§ 833 BGB) zu erläutern. Es kommt nicht darauf an, ob dem Katzenbesitzer fahrlässiges Handeln vorzuwerfen ist, sondern es handelt sich um eine Gefährdungshaftung: Schon das Halten des Tieres an sich begründet die Haftung des Tierhalters.

Das Gericht hätte wohl auch zu einem anderen Ergebnis kommen können, wenn es den einen oder anderen Aspekt – Tierhalterhaftung des Katzenbesitzers oder Fahrlässigkeit des Papageienbesitzers – anders gewichtet hätte.

Der gestohlene Mantel

Ab 9. Schuljahr

Die Lehrerin verteilt zunächst das Arbeitsblatt (s. S. 100).

Etwaige Fragen zum vorgelegten Fall werden geklärt, z.B. zum Wert des Mantels: Es ist ein teurer Mantel. Im tatsächlichen Streitfall hatte er einen Wert von 5 000 DM, im Falle der wenig wohlhabenden Familie Müller können wir 600 DM annehmen. Dann folgt eine Abstimmung nach den vier angegebenen Möglichkeiten. Die Möglichkeit „4. Ich kann das nicht entscheiden" soll der Lehrerin Gelegenheit geben, zu überprüfen, ob alle Schülerinnen den Tatbestand und die Fragestellung verstanden haben. Ggf. kann hier eine noch für fehlend gehaltene Komponente des Tatbestandes nachträglich festgelegt werden. Außerdem soll den Schülerinnen bewusst werden, dass es keine befriedigende Lösung ist, wenn man in solchen Alltagsstreitfällen zu keiner Entscheidung kommt. Subjektive Entscheidungsschwierigkeiten von Schülerinnen werden von der Lehrerin akzeptiert. Die Lehrerin versucht in solchen Fällen, die Schülerinnen zu bewegen, den ihnen am plausibelsten erscheinenden Standpunkt probehalber einzunehmen und zu begründen.

Die Schülerinnen werden dann aufgefordert, Kurzreden zu entwerfen, in denen sie ihre Meinung knapp, aber präzise begründen.

Nach 5-10 Minuten Vorbereitungszeit werden die Kurzreden, geordnet nach Standpunkten, gehalten. Die Schülerinnen sprechen stehend vom Platz aus oder auch vor der Gruppe (am besten U-förmige Sitzordnung). Bei nicht zu großen Gruppen können alle sprechen; sonst kann die Rednerinnenzahl bei den Schülerinnen mit der am häufigsten vertretenen Meinung verringert werden.

Zur Rechtslage:

Der Wirt haftet nicht, weil allgemein bekannt ist, dass in Gaststätten für Garderobe nicht gehaftet wird, und weil der Mantel im Sichtbereich des Gastes hing. (Anders wäre es gewesen, wenn der Mantel z.B. an einer Garderobe im Eingangsbereich hätte abgegeben werden müssen.)

Der gestohlene Mantel

Frau Müller ist fleißig und ordentlich und sehr um ihre Familie besorgt. Familie Müller ist weit davon entfernt, wohlhabend zu sein. Zum Geburtstag von Frau Müller legt die ganze Familie – Vater und bereits verdienender Sohn – zusammen für einen neuen Mantel, den sie sich sehnlich gewünscht hat, um ihr so ihre Dankbarkeit zu zeigen.

Am Abend soll der Geburtstag bei einem Essen im Restaurant gefeiert werden. Leider sind die Restaurants sehr voll, weil Karneval ist. Außerdem machen sie teilweise keinen guten Eindruck. Endlich finden die drei ein ebenfalls recht volles, gehobenes Restaurant mit einem freien Tisch. Frau Müller legt Wert darauf, dass sie ihren neuen Mantel auf den vierten freien Stuhl legen kann. Der Kellner lässt das aber nicht zu. Mit den Worten: „Bei uns ist noch nie etwas gestohlen worden!" hängt er den Mantel an den Garderobenhaken. Dort können Frau Müller und ihre Begleiter den Mantel zwar im Auge behalten. Zugleich fällt ihr Blick auf ein Schild an der Wand: „Für Garderobe wird nicht gehaftet".

In dem Restaurant spielt eine Kapelle. Man unterhält sich sehr gut. Schon beim Hauptgericht bemerkt Frau Müller, dass der Mantel fort ist. Er ist offenbar gestohlen worden.

Herr und Frau Müller wenden sich an den Wirt und verlangen den Wert des Mantels ersetzt.

Was meinen Sie:

1. Der Wirt muss den Wert des Mantels voll ersetzen.

2. Der Wirt muss den Wert des Mantels teilweise ersetzen.

3. Der Wirt muss nichts ersetzen.

4. Ich kann das nicht entscheiden.

Entscheidung durch den Bundesgerichtshof in Karlsruhe (BGH)

„Den Schank- und Speisewirt treffen Verwahrungspflichten an dem von Gästen eingebrachten Gut allenfalls als Nebenpflichten, und das nur ausnahmsweise. Das ist in Literatur und Rechtsprechung außer Streit. Die Lockerung des Grundsatzes einer nur ausnahmsweisen, auf die Fälle beschränkten Haftung, in denen der Schank- oder Speisewirt Abgabe und Aufbewahrung der Garderobe dergestalt verlangt, dass der Gast seine Kleidung billigerweise nicht beaufsichtigen kann, würde zu schwer überwindlichen Abgrenzungsschwierigkeiten und damit zu Rechtsunsicherheiten führen. Der vorliegende Sachverhalt gibt keinen Anlass, dies in Kauf zu nehmen.

Der Schank- und Speisewirt haftet für eingebrachte Garderobe auch dann nicht, wenn er den Wunsch des Gastes, sie bei sich zu behalten, nicht erfüllt, sondern veranlasst, dass sie im Sichtbereich des Gastes am Kleiderständer oder Wandhaken aufgehängt wird, BGB §§ 305, 688."

BGH, Urteil vom 13.02.1980

Juristisch ist das Schild „Für Garderobe wird nicht gehaftet" für die Entscheidung in diesem Fall nicht von Bedeutung, während Laien es für sehr wichtig halten.

(Ein Urteil des Amtsgerichts Frankfurt - 32 C 52/88 besagt übrigens: Hat ein Gastwirt ein Schild mit der Aufschrift „Für Garderobe wird keine Haftung übernommen" angebracht, so sind seine Kunden für ihre Garderobe auch dann verantwortlich, wenn sie von ihrem Platz aus den Garderobenständer nicht sehen können. „Stern" 3/1989)

Die Frau hätte darauf bestehen müssen, den Mantel in ihrer Nähe zu behalten. Wenn ihr das nicht gestattet worden wäre, hätte sie das Lokal verlassen müssen, wenn sie den Verlust ihres Mantels nicht riskieren wollte.

Insbesondere wegen der Äußerung und des Verhaltens des Kellners könnte man ein Mitverschulden des Kellners und damit eine teilweise Erstattung des Schadens durch den Wirt für angebracht halten. Das Landgericht Düsseldorf hatte übrigens zunächst geurteilt, es sei der Klägerin „unter Berücksichtigung mitwirkenden Verschuldens am erlittenen Schaden 2.500,- DM zuzusprechen". Das kann die Lehrerin den Schülerinnen mitteilen, die sich für einen Schadenersatz durch den Wirt ausgesprochen haben. Allerdings wurde dieses Urteil dann vom Bundesgerichtshof aufgehoben. Damit setzte sich die Regel durch, dass man in Gaststätten im allgemeinen keinen Schadenersatz für abhanden gekommene Garderobe erhält.

Dieser Fall wird ausführlich erörtert in dem Aufsatz von LUTZ HUTH: „Das ist doch kein Argument!" Topik in der Argumentation zwischen Fachleuten und Laien. In: KOPPERSCHMIDT, JOSEF / SCHANZE, HELMUT (Hg.): Argumente – Argumentation. Interdisziplinäre Problemzugänge. München 1985. S. 153-169. Es geht darin unter anderem um den Vergleich von Juristen und Laien im Hinblick darauf, welche Gesichtspunkte sie für relevant halten. Das wird insbesondere untersucht anhand eines Versuches mit der Sendung „Der Pelzmantel" aus der ZDF-Reihe „Wie würden Sie entscheiden?" vom 11. 1. 1982. Der Aufsatz enthält Listen von Argumenten zu diesem Fall mit ihrer unterschiedlichen Gewichtung durch Juristen und Laien.

Um die Entscheidung des Bundesgerichtshofs zu relativieren, kann den Schülerinnen als nächstes die Aufgabe gestellt werden: *„Sprechen Sie in der Rolle eines mit der Klägerin und dem Gastwirt befreundeten Anwalts zu dem Gastwirt und versuchen Sie, etwas für die Frau herauszuschlagen, obwohl alle Beteiligten die Rechtslage kennen!"*

Die Schülerinnen könnten in dieser Rolle z.B. den Ruf des Hauses hervorheben, Mitleid mit der Frau erwecken, Kompensationen (z.B. die Jahrestagung des Anwaltsvereins in diesem Restaurant) anbieten, darauf hinweisen, dass Schadenersatzzahlungen als Betriebsausgaben von der Steuer abgesetzt werden können, ein Gratis-Abendessen für die Frau mit ihrer Familie vorschlagen usw.

Der zerstörte Fernsehapparat

Ab 9. Schuljahr

Die Lehrerin verteilt zu Beginn folgendes Arbeitsblatt:

Der zerstörte Fernsehapparat

Alfred hat beim Fernseh- und Videohändler Voss einen Stereofarbfernseher ausgewählt und gekauft. Der Fernseher soll am kommenden Mittwoch Abend von Voss geliefert werden. Der Angestellte Fischer bringt ihn vereinbarungsgemäß um 18 Uhr mit dem firmeneigenen Lieferwagen zur Wohnung von Alfred, trifft aber dort niemanden an. Alfred ist auf seinem Heimweg von der Arbeit in einen Stau geraten. Fischer fährt den Fernseher wieder zu Voss.

Am nächsten Morgen ruft Alfred bei Voss an und verspricht, an diesem Abend zu Hause zu sein. Fischer verlädt daraufhin am Nachmittag zusammen mit anderen Geräten auch den Fernseher für Alfred. Aus Unachtsamkeit stapelt er das Gerät auf ein anderes, ohne es genügend zu sichern. In einer scharfen Kurve stürzt der Fernseher auf die Ladefläche und geht völlig zu Bruch.

1. Voss verlangt den Kaufpreis für den Fernseher – 2 000 DM – von Alfred. Denn wäre Alfred am Mittwoch zu Hause gewesen, wäre der Fernseher nicht zerstört worden.
2. Voss verlangt außerdem 20 DM Fahrtkosten für die vergebliche Anfahrt.

Nach einigen Minuten Vorbereitungszeit nehmen die Schülerinnen zunächst zur ersten Frage Stellung. – Rechtlich braucht Alfred die 2 000 DM nicht zu zahlen. Zwar ist Alfred mit der Abnahme des Gerätes in Verzug geraten und hätte es bezahlen müssen, wäre die Zerstörung des Fernsehers nicht von Voss zu vertreten gewesen (§ 324 II BGB). Aber das ist hier der Fall: Der durch das grob fahrlässige (§ 300 I BGB) Verhalten des Angestellten Fischer verursachte Schaden geht nicht zu Lasten Alfreds, sondern zu Lasten von Voss, dessen „Erfüllungsgehilfe" Fischer ist. – Die Lieferung des Fernsehers ist nunmehr unmöglich. Mit einer entsprechenden Erklärung kann Alfred von dem Vertrag zurücktreten.

Dann folgt die Beantwortung der zweiten Frage in Kurzreden. Die Schülerinnen können aufgefordert werden, besonders formvollendet aufzutreten und zu sprechen, weil die zweite Frage einfacher zu beantworten ist. – Rechtlich muss Alfred die 20 DM zahlen. (§ 304 BGB: Der Schuldner kann im Fall des Verzugs des Gläubigers Ersatz der Mehraufwendungen verlangen, die er für das erfolglose Angebot sowie für die Aufbewahrung und Erhaltung des geschuldeten Gegenstandes machen musste.)

Der Fall führt auf für Laien ungeahnte juristische Probleme und Komplikationen. Er stammt aus: DANNREUTHER, DIETER/MORBACH, BERTRAM: Bürgerliches Recht: Vorsicht mit Fernsehern. JuS-Lernbogen 1/87, S. L 5-L 8. Der Aufsatz enthält eine juristische Musterlösung für diesen Fall.

Der Unfall

Ab 9. Schuljahr

Die Lehrerin legt den Schülerinnen folgendes Arbeitsblatt vor:

Der Unfall

Es geschah am 3. August 1989 im Hallenbad Beuel. Die 32jährige Schwimmlehrerin hatte einen Kinderschwimmkurs zu betreuen, die Kleinen waren noch keine vier Jahre alt. Und während sie den Kindern die Schwimmgürtel anlegte, passierte es: Ein besonders abenteuerlustiger kleiner Kerl von dreieinhalb entfernte sich unbemerkt und begab sich auf eigene Faust ins Becken.

Entsetzt sah die Lehrerin den Kleinen kurze Zeit später leblos im Wasser treiben. Der Notarzt wurde alarmiert, und sofortige Wiederbelebungsversuche waren glücklicherweise erfolgreich: Das Kind wurde gerettet und überlebte den Unfall unbeschadet. Aber damit war für die Schwimmlehrerin die Sache noch nicht ausgestanden, denn die Krankenkasse der Familie des Jungen wollte von ihr die Kosten für den Einsatz des Notarztwagens und für die Behandlung des Kindes von insgesamt 3 000 DM zurückhaben.

Die 32-jährige aber wies die Schuld an dem Unglück von sich:

❐ Erstens sei die Gruppe mit mehr als 10 Kindern zu groß gewesen.
❐ Zweitens habe sie den Kleinen ausdrücklich verboten, sich eigenmächtig zu entfernen.
❐ Darüber hinaus habe der betroffene Junge nicht zum ersten Mal einen solchen Kursus besucht.

Muss die Schwimmlehrerin zahlen?

Bitte nehmen Sie wohlgegliedert und knapp Stellung. Berücksichtigen Sie dabei die Argumente der Schwimmlehrerin!

Zunächst werden Tatbestand und Aufgabenstellung verdeutlicht. Es kann davon ausgegangen werden, dass es sich um eine private, also nicht im öffentlichen Dienst stehende Schwimmlehrerin handelt, und dass sie allein für die Kindergruppe verantwortlich war. Wer klagt, ist die Krankenversicherung, von der die Kosten gezahlt worden waren. Die zu entscheidende Frage ist: Muß die Schwimmlehrerin die 3 000 Mark für Notarzteinsatz und Krankenhausbehandlung an die Krankenversicherung zahlen? Die Kurzrede soll eine Entscheidung über die Zahlung enthalten. Es geht also nicht um die Frage einer Strafe. Allerdings ist hier sicherlich von entscheidender Bedeutung, ob der Schwimmlehrerin eine Schuld an dem Unfall zuzusprechen ist. Dabei sollen die von der Schwimmlehrerin vorgebrachten Argumente berücksichtigt werden.

Die Schülerinnen bereiten ihre Stellungnahmen mit Notizen vor. Es könnten auch Diskussionen in Gruppen zu drei oder vier Schülerinnen stattfinden, nach denen individuelle, aber auch Gruppenstellungnahmen abgegeben werden können.

Dann geben fünf bis sechs, in kleineren Gruppen (bis etwa 12 Personen) alle Teilnehmerinnen ihre Stellungnahmen ab.

Danach kann die Lehrerin einen Auszug aus dem Gerichtsurteil verlesen:

Entscheidungsgründe:

Die Klage ist nach dem eigenen Vorbringen der Beklagten begründet. Entgegen der Ansicht der Beklagten ist diese nach Auffassung des Gerichts schadensersatzpflichtig, weil sie ihre Aufsichtspflicht verletzt hat. Die Art und Weise, wie die Beklagte nach ihrer Schilderung die Schwimmstunde, insbesondere die Vorbereitung der Kinder mit dem Anlegen der Schwimmgürtel durchgeführt hat, war fehlerhaft organisiert. Wenn die Beklagte den Kindern ihrer Gruppe in der Nähe des Schwimmbades die Schwimmgürtel anlegte und dabei notwendigerweise einzelne Kinder nicht im Auge behalten konnte, dann war es nahezu zwangsläufig, dass Kinder auch ohne Schwimmgürtel ins Becken gingen. Die Kinder handelten dann zwar ungehorsam, insofern sie sich an die zuvor erteilte Weisung nicht hielten. Dies ist jedoch bei Kindern unter 4 Jahren keineswegs außergewöhnlich. Jedenfalls müssen Aufsichtspersonen damit rechnen und dementsprechend vorbeugen. Die Beobachtung der Kinder wurde im übrigen um so schwerer, je größer die Zahl der anvertrauten Kinder war, wenn man diesen freie Bewegung ließ und sie nur durch Verbote vor gefährlichem Tun abzuhalten versuchte. Es wäre ein Leichtes gewesen, die hier aufgetretene Gefahr, dass Kinder ohne Schwimmgürtel in das Bad gingen und dadurch zu Schaden kamen, dadurch zu vermeiden, dass entweder die Schwimmgürtel in größerer Entfernung vom Schwimmbad, möglicherweise außerhalb des Schwimmbades in der Garderobe oder in einem ähnlichen Vorbereitungsraum angelegt worden wären. Es hätte möglicherweise auch genügt, dass die Beklagte die ihr zugeteilten Kinder in ihrem Gesichtsfeld niedersitzen ließ und dadurch unter Kontrolle hatte und dann anschließend einzeln den Kindern die Schwimmwesten anlegte. Es muss jedenfalls davon ausgegangen werden, dass ohne diese fehlerhafte Organisation das verunglückte Kind nicht ohne Schwimmgürtel ins Wasser gegangen und von daher auch nicht zu Schaden gekommen wäre. Von daher ist die Beklagte dem Grunde nach ersatzpflichtig. Ihr Handeln stellt eine fahrlässige Körperverletzung im Sinne von § 823 BGB dar. Die daraus abzuleitenden Schadensersatzansprüche des Kindes sind auf die Klägerin als Versicherungsträger übergegangen.

Amtsgericht Bonn, Urteil 16 C 465/90 vom 8. 1. 1991, bestätigt durch Urteil 5 S 20/91 des Landgerichts Bonn vom 11. 9. 1991

Zu den Argumenten der Schwimmlehrerin ist also zu sagen:

❏ Wenn die Gruppe zu groß ist, muss die Lehrerin den Unterricht anders organisieren (vgl. Urteilsauszug). Wenn das nicht möglich sein sollte, muss die Lehrerin den Unterricht ablehnen.

❏ Von Kindern dieses Alters kann man die Einhaltung von Verboten nicht mit hinreichender Sicherheit erwarten.

❏ Zwar konnte die Vermutung naheliegen, dass der betroffene Junge das Schwimmbad und insbesondere das Schwimmbecken schon kannte, und dass er vielleicht sogar schon einigermaßen schwimmen konnte. Andererseits war aber auch damit zu rechnen, dass er gerade deshalb um so mehr zu eigenmächtigen Aktionen neigte.

Die Widerlegung der Argumente der Schwimmlehrerin reicht nicht als Beweis ihres Verschuldens hin; dieses muss wie im zitierten Urteil konkret nachgewiesen werden. Die Schwimmlehrerin hat nicht alle ihr möglichen Vorsichtsmaßnahmen ergriffen, um die Gesundheits-, hier sogar Lebensgefährdung der ihr anvertrauten Kinder zu vermeiden. Sie hat damit ihre Aufsichtspflicht verletzt und muss für den dadurch verursachten Schaden aufkommen.

Als Anschlussaufgabe könnte im Deutschunterricht die Aufgabe gestellt werden, einen Zeitungsbericht über diesen Fall zu schreiben. Die Leistungen der Schülerinnen könnten dann mit dem echten Zeitungsbericht verglichen werden (vgl. S. 109).

Juristisch beruht das Urteil hauptsächlich auf § 823 (1) BGB: „Wer vorsätzlich oder fahrlässig das Leben, den Körper, die Gesundheit, die Freiheit, das Eigentum oder ein sonstiges Recht eines anderen widerrechtlich verletzt, ist dem anderen zum Ersatze des daraus entstehenden Schadens verpflichtet."

Nach § 230 StGB (Fahrlässige Körperverletzung) wäre auch eine Bestrafung der Lehrerin möglich gewesen („Wer durch Fahrlässigkeit die Körperverletzung eines anderen verursacht, wird mit Freiheitsstrafe bis zu drei Jahren oder mit Geldstrafe bestraft"), wenn die Eltern einen entsprechenden Strafantrag (§ 232 StGB) gestellt hätten.

Der Streitfall ist hier so dargestellt, wie es deutschem Recht und deutscher Rechtsprechung entspricht. Juristische Argumentationen sind häufig sachgerecht und auch im Ergebnis billigenswert, so dass es sicherlich ratsam ist, beim Nachdenken über moralische Fragen die einschlägige Rechtsprechung zur Kenntnis zu nehmen, insbesondere da sie sich ja auch mit den Gegenargumenten befaßt. Außerdem ist es sicherlich nützlich, im Zusammenhang mit Argumentationsübungen auch Rechtskunde zu vermitteln, weil Rechtskenntnisse für die Argumentationspraxis häufig von großer Bedeutung sind.

Andererseits soll nicht der Eindruck entstehen, als wäre mit dem richterlichen Spruch das Nachdenken schon abgeschlossen. Um das zu vermeiden, könnte z.B. im Anschluss an diese Übung noch die Aufgabe gestellt werden, ein Plädoyer zugunsten der Schwimmlehrerin zu halten, in dem ihr Verschulden zwar eingeräumt, aber als verzeihlich dargestellt wird.

Kleiner Junge trieb leblos im Wasser
Schwimmlehrerin muss Behandlung des Kindes zahlen

Eine Schwimmlehrerin muss die Behandlungskosten für einen kleinen Jungen zahlen, weil das Kind unter ihrer Aufsicht fast ertrank. Das entschied nun das Bonner Landgericht.
Es geschah am 3. August 1989 im Hallenbad Beuel. Die 32-jährige Schwimmlehrerin hatte einen Kinderschwimmkursus zu betreuen, die Kleinen waren noch keine vier Jahre alt. Und während sie den Kindern die Schwimmgürtel anlegte, passierte es: Ein besonders abenteuerlustiger kleiner Kerl von dreieinhalb entfernte sich unbemerkt und begab sich auf eigene Faust ins Becken.
Entsetzt sah die Lehrerin den Kleinen kurze Zeit später leblos im Wasser treiben. Der Notarzt wurde alarmiert, und sofortige Wiederbelebungsversuche waren glücklicherweise erfolgreich: Das Kind wurde gerettet und überlebte den Unfall unbeschadet. Aber damit war für die Schwimmlehrerin die Sache noch nicht ausgestanden, denn die Krankenkasse der Familie des Jungen wollte von ihr die Kosten für den Einsatz des Notarztwagens und für die Behandlung des Kindes von insgesamt 3 000 DM zurückhaben.
Die 32-jährige aber wies die Schuld an dem Unglück von sich, und die Kasse verklagte sie vor dem Bonner Amtsgericht - mit Erfolg. Denn der Zivilrichter entschied: Die Lehrerin hat ihre Aufsichtspflicht verletzt, sie muss zahlen.
Damit gab sich die 32-jährige jedoch nicht zufrieden, sie legte beim Bonner Landgericht Berufung ein.

Und hier wehrte sie sich nun gegen den Vorwurf, als Aufsichtsperson versagt zu haben. Erstens sei die Gruppe mit mehr als zehn Kindern zu groß gewesen und zweitens habe sie den Kleinen ausdrücklich verboten, sich eigenmächtig zu entfernen. Darüber hinaus habe der betroffene Junge nicht zum ersten Mal einen solchen Kursus besucht.
Doch alle ihre Argumente vermochten die 5. Zivilkammer nicht zu überzeugen. Das Gericht machte der Lehrerin klar: Es spiele überhaupt keine Rolle, wie viele Kinder sie zu beaufsichtigen gehabt hätte, sie habe alle im Auge behalten müssen. Und wenn sie einer solchen Aufgabe nicht gewachsen sei, müsse sie sie ablehnen. Auch genüge das Aussprechen von Verboten nicht. „Man kann nicht darauf vertrauen, dass sich so kleine Kinder an Verbote halten, da muss man schon mehr tun", stellte die Kammer fest. So hätte sie den Kindern die Schwimmgürtel schon in der Umkleidekabine anlegen können.
Und auch ihr Hinweis, dass der Junge ja nicht zum ersten Mal einen Schwimmkursus gemacht habe, half ihr nicht. Die Kammer befand im Gegenteil: Ein Kind, das eine Umgebung kennt, ist sogar noch forscher und damit noch stärker gefährdet. Das Gericht bejahte die Aufsichtspflichtverletzung und wies die Berufung zurück. Nun muss die Lehrerin zahlen - auch die Prozesskosten. (AZ: 5 S 20/91)
General-Anzeiger v. 25. 9. 91

Darf ein Lehrer im Unterricht eine Anti-Atomkraft-Plakette tragen?

Ab 9. Schuljahr

Diese Frage kann in ähnlicher Form wie in den vorhergegangenen Übungen behandelt werden: Vorbereitung in Einzelarbeit, eventuell Diskussion in Dreiergruppen, dann mündliche Statements nach Notizen, geordnet nach Standpunkten dafür/dagegen.

Das Thema führt von einem sozial nahen konkreten Anlass aus zu allgemeinen Fragestellungen: Meinungsfreiheit und politische Werbung des Bürgers im Verhältnis zu Beamten-, insbesondere Lehrerpflichten unter Berücksichtigung des Erziehungsauftrags der Schule und des Elternrechts. Die Besprechung dieser Frage könnte auch zu einem differenzierten Verständnis der Beziehungen zwischen Lehrern und Schülern insbesondere in ihren politischen Aspekten beitragen.

Es gibt dazu ein Urteil des Bundesverwaltungsgerichts (BVerwG 2 C 50.88 vom 25. 1. 1990).

Es handelte sich in dem Prozeß um eine runde Plakette mit einer stilisierten roten Sonne auf gelbem Grund und der Aufschrift: „Atomkraft? Nein Danke!", die 1977 ein Lehrer in Hamburg nicht als einziger auch im Unterricht trug. Die Schulleiterin verbot ihm das Tragen der Plakette aufgrund einer generellen Weisung des Schulamtes. Der betroffene Lehrer erhob Widerspruch mit der Begründung, das Verbot stelle einen gravierenden Eingriff in sein Recht auf freie Meinungsäußerung dar.

Das Urteil des Bundesverwaltungsgerichts hat den Leitsatz: „Das Tragen einer Anti-Atomkraft-Plakette durch einen Lehrer während des Schuldienstes verstößt gegen das Gebot der Zurückhaltung bei politischer Betätigung." Im einzelnen führt das Urteil aus:

„Die Anti-Atomkraft-Plakette ist ... ein politisches Propagandamittel und ihr Tragen eine politische Betätigung zur Verbreitung der damit umschriebenen allgemeinpolitischen Auffassung des Trägers. Der Lehrer greift damit in unzulässiger Weise in den Meinungsbildungsprozeß der Schüler ein. ... Eine wesentliche Rolle spielt hierbei auch, dass sich Schüler wirklich oder vermeintlich einem gewissen Anpassungszwang an die zur Schau getragene Meinung des Lehrers ausgesetzt sehen könnten, um schulische

Nachteile zu vermeiden. ... Der Kläger hat damit nicht das Maß und die Zurückhaltung gewahrt, wie sie sich aus seiner Stellung gegenüber der Gesamtheit und aus der Rücksicht auf die Pflichten seines Amtes ergeben. Durch das Tragen der Plakette im Dienst setzt er unzulässig sein Amt als Lehrer zur Werbung für seine politische Auffassung gegenüber den Schülern ein. Damit setzt er sich auch in Widerspruch zum schulgesetzlich festgelegten Erziehungs- und Bildungsauftrag der Schule sowie dessen Verhältnis zum Elternrecht."

Das Urteil sieht also in dem Verbot des Tragens der Plakette im Unterricht eine durch die besonderen Dienst- und Treuepflichten beamteter Lehrer gerechtfertigte Einschränkung der Betätigung ihrer Meinungsfreiheit.

Natürlich ist es auch möglich, begründet zu einem anderen Ergebnis der Abwägung zu kommen und trotz der Bedenken den allgemeinen Bürgerrechten den Vorrang zu geben. Wichtig ist, dass eine solche Abwägung in den Statements der Schülerinnen erfolgt. Darauf kann die Lehrerin hinwirken, indem sie die Schülerinnen auffordert, sowohl Gründe dafür wie Gründe dagegen in ihren Antworten auf die Frage anzuführen.

Die Lehrerin sollte einzuschätzen versuchen, wie groß die Motivation der Schülerinnen ist, sich mit diesem Thema zu befassen. Bei geringerem Interesse kann sie es bei einer Runde mündlicher Statements mit kurzer Nachbesprechung belassen. Bei größerer Motivation könnte die Frage anschließend Gegenstand wohlgegliederter, schriftlicher Erörterungen werden.

Der Streit um den Hörsaalplatz

Ab 10. Schuljahr

Die Lehrerin verteilt folgendes Arbeitsblatt:

Der Streit um den Hörsaalplatz

Während der Pause eines vierstündigen Seminars hatte sich Jurastudent Ulrich W. (21) auf den Platz eines Kommilitonen gesetzt und weigerte sich, ihn zu räumen. Der Raum war völlig überfüllt, und Ulrich hatte die erste Hälfte des Seminars stehen müssen.

Wolfgang R. (25) gebrauchte nach Ulrichs Weigerung, den Platz zu räumen, Gewalt: Er zog Ulrich vom Sitz. Das war für ihn nicht schwierig, denn Wolfgang war größer und schwerer als Ulrich. Wolfgang wandte aber nicht mehr Gewalt an, als erforderlich war, um den Sitz freizumachen.

Ulrich erstattete daraufhin gegen Wolfgang Strafanzeige wegen Nötigung.

Wolfgang erklärte: „Ich hatte ein notwehrfähiges Rechtsgut zu verteidigen."

Wie beurteilen Sie Wolfgangs Handlung, Ulrich mit Gewalt vom Sitz zu ziehen:

- ☐ richtig?
- ☐ zulässig?
- ☐ abzulehnen?
- ☐ strafwürdig?

Wie hätten Sie sich an Wolfgangs Stelle verhalten?

Nach einigen Minuten Vorbereitungszeit, eventuell auch nach einer zusätzlichen Viertelstunde Diskussion in Dreiergruppen, nehmen die Schülerinnen Stellung. Vorher kann festgestellt werden, wie viele Schülerinnen sich jeweils für eine der vier Beurteilungsmöglichkeiten entschieden haben. Die Statements können dann in entsprechender Reihenfolge abgegeben werden.

Zu diesem Fall liegt kein Gerichtsurteil vor.

Es sind wohl zwei Fragen zu klären:

1. Hat Wolfgang Anspruch auf den Platz?
2. Wenn ja: Ist sein Verhalten als angemessene Realisierung seines Rechtes zu werten?

Im konkreten Fall scheint der springende Punkt gewesen zu sein, dass nicht entschieden werden konnte, ob ein Rechtsanspruch Wolfgangs auf den von ihm vor der Pause besetzten Platz bestand: Das Strafverfahren wurde eingestellt (vgl. den Zeitungsbericht).

Hatz auf Hörsaal-Platz!

Studenten-Streit vor Gericht

exp Bonn – Jetzt müssen sich schon Juristen um einen Sitzplatz in der Bonner Uni prügeln: Denn wie Einzelrichter Frank Liegat während eines Prozesses einräumte, gibt es keinerlei Rechtsprechung zur Frage, wann ein Platz im Hörsaal als besetzt gilt oder nicht.

Während der Pause eines vierstündigen Seminars hatte sich Jura-Student Ulrich W. (21) auf den Platz eines Kommilitonen gesetzt und weigerte sich, ihn zu räumen. Wolfgang R. (25) gebrauchte daraufhin Gewalt: „Ich hatte ein notwehrfähiges Rechtsgut zu verteidigen." Doch der Staatsanwalt klagte dies Verhalten als Nötigung an.

Mangels einschlägiger Rechtsvorschriften stellte das Gericht jetzt das Strafverfahren ein.

Bonn Express vom 23. 11. 1979

Man kann wegen des überfüllten Hörsaals annehmen, dass Wolfgang sich den Platz durch frühzeitiges Erscheinen gesichert hatte. Ulrich musste wissen, dass der Platz vor der Pause besetzt war, weil es im Hörsaal keine freien Sitzplätze gab, und konnte auch davon ausgehen, dass Wolfgang nach der Pause „seinen" Sitzplatz wieder einnehmen wollte.

Wenn man der Meinung ist, dass Wolfgang einen begründeten Anspruch auf den Platz hatte, und dass kein Anspruch Ulrichs auf diesen Sitzplatz bestand (wenn auch sein Wunsch, wenigstens die zweite Hälfte des Seminars zu sitzen, verständlich war), dann kann man zu dem Ergebnis kommen, dass die von Wolfgang angewandte Gewalt das angemessene und wahrscheinlich einzig erfolgversprechende Mittel war, seinen Anspruch durchzusetzen. Dass Wolfgang stärker war, spricht nicht gegen ihn; es ist vielmehr eine Bedingung für den Erfolg bei der Durchsetzung seines Anspruches.

Man kann auch Wolfgangs Anspruch für berechtigt halten und trotzdem die Anwendung physischer Gewalt gegen Ulrich aus diesem Anlass als unverhältnismäßige Verletzung der Menschenwürde Ulrichs beurteilen.

Wenn man schließlich annimmt, dass Ulrich ein Recht auf diesen Sitzplatz hatte, dann ist Wolfgangs Handeln wohl als Nötigung (§ 240 StGB) zu betrachten.

Auch ein gesellschaftskritischer Ansatz im Hinblick auf die unzureichenden Hörsaalplätze ist möglich. Dieser Ansatz kann eine Solidarisierung der Betroffenen nahelegen. Damit ist aber noch nicht die konkrete Streitfrage beantwortet, wem der Sitzplatz zusteht.

Mit der Frage: „Wie hätten Sie sich an Wolfgangs Stelle verhalten?", die in der Kurzrede mitbehandelt werden soll, werden die Schülerinnen angeregt, ggf. konkrete Verhaltensalternativen vorzuschlagen. Das fordert ihre soziale Kreativität heraus. Möglichkeiten: Laut werden, unter den Kommilitonen „Verbündete" suchen, sich an den Professor wenden, den Rest des Seminars stehen, in Zukunft einen eigenen Klappstuhl mitbringen ... Die Frage nach dem eigenen Verhalten soll den Schülerinnen auch die Notwendigkeit vor Augen führen, sich in einer entsprechenden konkreten Situation für ein bestimmtes Verhalten entscheiden zu müssen. Das setzt eine Klärung ihres persönlichen Verhältnisses zur Anwendung von Gewalt voraus.

Die Übung kann zu Diskussionen oder schriftlichen Erörterungen über „Gewalt als Mittel zur Durchsetzung von Recht" führen, etwa in den Bereichen „Erziehungsrecht von Eltern und/oder Lehrern" oder „Einsatz von UNO-Truppen zur Friedenssicherung".

Friedensdemonstration und Nötigung: Zwei Reden

Ab 10. Schuljahr

Der Tübinger Rhetorik-Professor und Schriftsteller Walter Jens, seine Frau und weitere Mitglieder einer Tübinger Friedensinitiative hatten am 24.6.1984 die Durchfahrt eines Konvois von drei amerikanischen Militärfahrzeugen in das Militärlager Mutlangen behindert. Dafür wurde Jens am 28.1.1985 wegen Nötigung zu einer Geldstrafe von 20 Tagessätzen zu DM 150 verurteilt.

Alle Schülerinnen erhalten die Texte der Rede, die Walter Jens am 24.1.1985 im Amtsgericht von Schwäbisch Gmünd zu seiner Rechtfertigung gehalten hat, sowie der Rede, die der Amtsrichter Werner Offenloch am 28.1.1985 zur Begründung seines Urteils hielt. Sie werden gebeten, die Reden zur nächsten Stunde gründlich durchzulesen (s. S. 117 ff.).

(Die beiden Texte wurden am 29.1.1985 und am 1.2.1985 in der Frankfurter Allgemeinen Zeitung veröffentlicht und in der Zeitschrift „Diskussion Deutsch", 16. Jg., H. 82, April 1985, S. 225-230 mit einem kurzen Kommentar wiederabgedruckt.)

Außerdem bittet die Lehrerin insgesamt vier Schülerinnen, für die nächste Stunde einen mündlichen Vortrag der Reden vorzubereiten. Beim Vortrag sollen sie sich bemühen, den Sinn des Textes deutlich herauszuarbeiten. Sie sollen auch versuchen, die vermutete Stimmung der Redner zu verdeutlichen, ohne sich jedoch völlig mit ihnen zu identifizieren. Jede Sprecherin soll je eine Hälfte der beiden Reden vortragen; die Aufteilung der Redetexte wird bei der Übertragung der Aufgabe abgesprochen.

Zum Beginn der nächsten Stunde werden die Reden vorgetragen; das dauert etwa 20 Minuten.

Danach werden die Schülerinnen gebeten, jede möge ein Statement zu einem sich für sie aus den Reden ergebenden Thema abgeben. Diese Aufgabenstellung ermöglicht sowohl persönliche Äußerungen als auch distanziertere und allgemeinere Stellungnahmen. Die Statements können das persönliche Interesse oder Desinteresse der Schülerinnen an den Reden widerspiegeln. Sie können aber z.B. auch das Handeln von Jens unter moralischem und zweckrationalem Aspekt beurteilen. Es könnten auch stilistische Aspekte der Reden hervorgehoben werden.

Einige der Themen, über die die Schülerinnen geredet haben, können Gegenstand von Diskussionen und schriftlichen Erörterungen werden.

Eine gründliche Untersuchung der Reden, insbesondere auch ihre Beurteilung unter Berücksichtigung der vorausgegangenen und folgenden politischen Entwicklungen, nimmt viel Zeit in Anspruch. Jedenfalls sind die beiden Redetexte geeignet, eine Fülle von wichtigen historischen, politischen und moralischen Fragen aufzuwerfen und einen Eindruck von der Schwierigkeit zu vermitteln, zu eindeutigen Antworten darauf zu kommen.

In seinem Urteil vom 11.11.1986 hat das Bundesverfassungsgericht mit vier zu vier Stimmen geurteilt, dass es nicht verfassungswidrig ist, Teilnehmer an solchen Sitzblockaden nach § 240 StGB wegen Nötigung zu verurteilen (Entscheidungen des Bundesverfassungsgerichts E 73, 206 I). Mit Urteil vom 10.1.1995 zum gleichen Themenkomplex hat das Bundesverfassungsgericht dann jedoch mit fünf zu drei Stimmen die Verurteilung von Sitzblockierern wegen Nötigung für verfassungswidrig erklärt.

I. Rede von Walter Jens vor dem Amtsgericht von Schwäbisch Gmünd vom 24. I. 1985:

Ich habe, zum ersten, wiederholt in Mutlangen demonstriert, weil ich dazu beitragen wollte, hier und heute einen öffentlichen Dialog jener Art wieder aufleben zu lassen, wie er in den fünfziger Jahren, auf hohem Niveau und mit einem Maximum an Verantwortungsbewusstsein, geführt worden ist, zu einer Zeit, als langsam deutlich zu werden begann, was die Lagerung von atomaren Ersteinsatzwaffen auf bundesrepublikanischem Boden bedeutet: Bereitstellung von verwundbaren Zielen; Provokation des Gegners; Gefährdung der Bevölkerung; Erhöhung der Kriegsgefahr.

Ich habe, zum zweiten, demonstriert, weil ich, nach umfassendem und sorgfältigem Quellenstudium, zu der Ansicht gekommen bin, dass die neue, dem Prinzip „Wir müssen überlegen sein" folgende amerikanische Militärstrategie die These des Verteidigungsexperten General a. D. La Rocque bestätigt: „Die Amerikaner gehen davon aus, dass der dritte Weltkrieg ebenso in Europa ausgetragen wird, wie der erste und zweite ... und dieser Krieg wird ein nuklearer sein." Ich habe, im Rahmen unserer Tübinger Friedensgruppe „Gustav Heinemann", demonstriert, weil ich mit dem amerikanischen Sachverständigen in Abrüstungsfragen, C. Paul Warnke, übereinstimme: „Wäre ich Europäer, mit Händen und Füßen würde ich mich gegen die Installierung der abschreckungsfeindlichen, weil den Krieg ‚regionalisierenden' Pershing II wehren."

Ich habe, zum dritten, demonstriert, weil ich meine, dass die Offensivstrategie der Amerikaner, wie sie sich vor allem in den Plänen Field Manual FM 100-5 und AirLand Battle 2000 niederschlägt, die Vorbereitung eines Angriffskrieges für opportun hält – wobei ich sehr wohl weiß, dass Vorbereitung eins und Ausführung ein anderes ist; aber auch die Vorbereitung hat als Handlung zu gelten, die „geeignet erscheint, das friedliche Zusammenleben der Völker zu stören". Das heißt, wer hierzulande Ja zu Dokumenten vom Rang der AirLand Battle 2000 sagt, muss sich vorhalten lassen, dass er gegen den Geist und gegen zentrale Aussagen des Artikels 26 unseres Grundgesetzes verstößt.

Ich habe, viertens, demonstriert, weil ich mich meinen Freunden in der DDR, die sich als Christen und Sozialisten verstehen, gegenüber im Wort weiß: Sie, die mit Courage und Beharrlichkeit gegen die Hochrüstung in Ost und West opponieren, dürfen von uns erwarten, dass wir das Unsere tun, um zur Beseitigung jener Waffen beizutragen, die man, zu Recht, zwischen Elbe und Oder in einer Weise fürchtet, von der wir uns hier leider nur eine unzureichende Vorstellung machen.

Ich habe, fünftens, demonstriert, weil ich, ein sogenannter „Prominenter", mich der Verpflichtung erinnere, auch künftig vor Ort, im Geist des Friedens und der Freundlichkeit, präsent zu sein.

Ich habe, sechstens, demonstriert, weil ich jene amerikanischen Soldaten durch Zeichen und friedliche Symbole („Da schaut her und redet mit uns!") auf ihre und unsere Sache aufmerksam machen wollte, die uns im vergangenen Jahr zur Seite standen. (Die farbigen Uniformierten voran: „Wir sind mit Sie", riefen sie uns zu.) Natürlich habe ich darauf verzichtet, die Medien auf unsere Demonstration aufmerksam zu machen: Der Vorteil, dass in dem Fall die Wagen erst nach Ende der Blockade aufgetaucht wären, hätte den Nachteil der Wichtigtuerei und der Bitte um eine Extrabehandlung nicht aufgewogen. Ich wollte in aller Stille mit meinen Freunden ein Zeichen setzen – „Wir sind auch noch da, ihr Brüder und Schwestern in Christo, fröhliche Sozialisten in Magdeburg, Halle, Greifswald oder Rostock!" Kein großer Aufwand, keine Kameras, keine Blockade, wie sie die Brummi-Fahrer in Kiefersfelden vornahmen: belobt wegen ihrer tage- und kilometerlangen Straßensperre, während eine Handvoll friedlicher, meist älterer Menschen, die nicht für Partikulär-, sondern Allgemein-Interessen votierten, unter Anklage gestellt wurden, weil sie die Fahrer von drei amerikanischen Wagen „zwangen", für eine Zigarettenlänge anzuhalten (beziehungsweise sich durch einen anderen, 300 Meter entfernten Eingang ins Innere zu begeben).

Mutlangen-Festival der Prominenz, Bauern-Demonstration im Kinzigtal, Aufmarsch vor Kiefersfelden: keine Anklage. Sit-ins der Namenlosen: Anklageerhebung. Gleichheit aller Bürger vor dem Gesetz? Papperlapapp! Aufkündigung des Grundprinzips jeden Rechtsstaats: der Rechts-*Gleichheit* aller!

Ich habe, siebtens und letztens, demonstriert, weil ich an jene gedacht habe, in der Sowjetunion, auf die „unsere" Pershings gerichtet sind ... jene, deren Jahrgänge 1922, 1923 – 98 Prozent gegen Hitlers Truppen gefallen – ich es, neben den West-Alliierten, verdanke, dass ich heute freimütig fragen kann, warum so wenige in unserem Lande begreifen, dass man im Land der 20 Millionen Kriegstoten Angst vor uns hat.

Ja, und da werde ich nun beschuldigt – ich zitiere einen ebenso fragwürdigen wie in deplorablem Deutsch formulierten Abschnitt des Strafgesetzbuches –, eine Tat begangen zu haben, die rechtswidrig ist ... und verwerflich! „Rechtswidrig ist die Tat" – § 240, 2. Absatz –, „wenn die Anwendung der Gewalt oder die Androhung des Übels zu dem angestrebten Zweck als verwerflich anzusehen ist." Zu dem angestrebten Zweck (modal? final? Oder was sonst?) – diese Formulierung zeugt nicht gerade von Bemühung um scharfes Denken und präzise Artikulation. Im Verhältnis zu dem angestrebten Zweck – das ist mit dem salopp und obenhin formulierten „zu" offensichtlich gemeint. Sei's drum. Aber bei *verwerflich*: Da hört der Spaß auf, da wird's bitterernst. *Verwerflich*: Dieser Begriff trifft auf unsere Demonstrationen nicht zu. Hier werden Menschen, die aus ehrenwerten Motiven handeln, im Geist Albert Schweitzers, Martin Luther Kings, Eugen Kogons, Walter Dirks' oder Kurt Scharffs, moralisch disqualifiziert. Will das Gericht dies tatsächlich tun, dann möge es konsequent sein und darauf achten, dass in den Martin-Luther-King-Passagen unserer Lesebücher künftig die Fußnote gedruckt wird: „Dieser Mann hat nach bundesrepublikanischer Rechtsprechung verwerflich gehandelt."

Verwerflich – das bedeutet, im natürlichen Wortsinn, *moralisch mißbilligenswert* ... im natürlichen und auch im juristischen! *Verwerflich* ist kein Terminus technicus der Jurisprudenz, kein Begriff der Fachsprache, sondern auch für den Richter ein Adjektiv, das er im Sinne des Gemeinverständnisses verwendet: „Erhöhter Grad sittlicher Mißbilligung" – so die Kommentierung des Begriffs. *Verwerflich* heißt *amoralisch*, heißt „sozialethisch zu verwerfen". Kein Wunder also, dass die einhellige Lehre zur Voraussetzung des Mords aus heimtückischen Motiven – des Mords! – die verwerfliche(!) Ausnützung eines bestehenden Vertrauensverhältnisses macht. Nötigung (an der untersten Grenze, wie Staatsanwalt und Richter sagen): *verwerflich* wie heimtückischer Mord verwerflich ist? Amoralisch in Übereinstimmung mit der üblichen Verwendung des Begriffs? (Verwerflich, man kann's im Grimm'schen Wörterbuch nachschlagen, heißt religiös und sittlich minderwertig, ungehörig und geringwertig. Der verwerfliche Richter, das ist der unglaubwürdige, ethisch suspekte Mann. Verwerflicher Mensch: ruchlos und sittenlos.)

Und – das ist ungeheuerlich! – *solcher* Verwerflichkeit will man uns zeihen: Ja, wo leben wir denn? Immer noch im Vorgestern, wie die – durchsichtige Tarn-Übersetzung des Begriffs „gesundes Volksempfinden" zu zeigen scheint? (Im Dritten Reich „gesundes Volksempfinden", heute „verwerflich": hier wie dort manifestiert sich das gleiche Gut-Böse-Schema einer aufklärungsfernen Gerichtsbarkeit.) Anstiftung zum Frieden als verwerflicher Akt: Diese Schreckensvision hätte mir 'mal einer ausmalen sollen, anno 45, nach der Befreiung unseres Landes vom Faschismus – für aberwitzig hätte ich den Menschen erklärt!

Der angestrebte Zweck (worunter ich bei genauer Exegese des unscharf-viel-deutigen Satzes den durch symbolische Zeichensetzung demonstrativ und appellativ erbetenen Dialog über Fragen von Leben und Tod verstehe (Heilbronn als Menetekel!)) ... der angestrebte Zweck: verwerflich? Nein, diese Etikettierung ist zurückzuweisen. Hier geht es um Ehrabschneidung, um moralische Disqualifikation, um Antasten der Würde aller Angeklagten, um einen eklatanten Verstoß gegen den Artikel I des Grundgesetzes, der durch keine Ehrenerklärung *nach* der Verurteilung aus der Welt geschaffen werden kann.

Verwerflich – dieses Wort darf so nicht stehenbleiben, nicht hier und nicht künftig. Es hat im Paragraphen 240 nichts zu suchen – nichts in einem Rechtsstaat, dessen Jurisdiktion die Würde jedermanns zu wahren hat, so wie es das Grundgesetz vorschreibt. Doch dieses Grundgesetz eben wird im Kern ausgehöhlt, wenn die Formel „verwerflich" im Kontext ehrenhafter Bemühungen um den Frieden zur obrigkeitsstaatlichen Drohformel wird, die autoritär bestimmt, was sozial verbindliches Ethos ist und was nicht.

Im Sinne solcher von keiner Aufklärung berührten Wert-Setzung fühle ich mich nicht nur – das ohnehin – unschuldig, sondern von diesem Gesetzestext als Demokrat überhaupt nicht tangiert – nicht tangiert, weil Absatz 2 des Paragraphen 240 sich wegen des Begriffs „verwerflich" nach meiner Ansicht, bezogen auf unseren Fall, außerhalb der durch Artikel I des Grundgesetzes („Die Würde des Menschen ist unantastbar") definierten Rechtsordnung bewegt.

„*Verwerflich*": zehn Minuten Demonstration zugunsten des Friedens, auf einer Straße, hinter der Waffen lagern, die, wie der Fall Heilbronn gezeigt hat, Vernichtung für Zeit und Ewigkeit bergen? Der Versuch, auf dem Weg zum Abgrund eine winzige Panne befördern zu helfen – verwerflich? Ich fürchte, hier feiert der Ungeist des „gesunden Volksempfindens", der Ungeist einer totalitären Rechtsprechung seine späten und bösen Triumphe.

Ich bitte den Richter als den souveränen und verantwortlichen Ausleger des Gesetzes, diesem Spuk ein Ende zu bereiten und die Unangemessenheit des Paragraphen im Urteilsspruch sichtbar zu machen: durch einen Freispruch.

2. Mündliche Urteilsbegründung des Richters Werner Offenloch vom 28. 1. 1985 im Prozeß gegen Walter Jens:

Ich habe mich nicht deshalb mit Ihnen auseinanderzusetzen, weil Sie sich für den Frieden einsetzen: auch nicht deshalb, weil Sie zu aktuellen politischen Fragen eine von Entscheidungen der Bundesregierung abweichende Auffassung zur Geltung bringen wollen und dieserhalb auf die Straße gegangen sind. Ersteres ist hoch anzuerkennen; letzteres unter der freiheitlichen Verfassung der Bundesrepublik, welche auch die Regierung der Kritik und periodisch der Gefahr der Ablösung bewusst aussetzt, Ihr gutes Recht.

Gegenstand des strafrechtlichen Vorwurfs ist allein der Umstand, dass Sie, wie zur Sache eingestanden, am 24.6.1984 gegen 15 Uhr mit anderen auf der Zufahrtstraße zum US-Militärlager in Mutlangen drei Armee-Fahrzeuge blockiert, das heißt absichtlich nicht durchgelassen haben, bis Sie von Polizeibeamten weggeräumt worden waren. Sie haben sich damit ein Vergehen der Nötigung gemäß § 240 StGB in drei Fällen zum Nachteil der betroffenen Fahrzeuglenker zuschulden kommen lassen.

Der von Ihnen den Fahrern zeitweilig auferlegte Stopp bedeutete, dass diese i. S. v. § 240 StGB etwas, nämlich die Weiterfahrt, unterlassen mussten. Irgendwelche Zweifel daran, dass dies nicht in Ihrer Absicht lag, bestehen nicht. Indem Sie sich in einer, die Weiterfahrt der betroffenen Fahrzeuge unmöglich machenden Weise, auf die Straße setzten, schufen Sie ein körperliches Hindernis und haben damit Gewalt i. S. v. § 240 StGB angewandt. Daß dieses Hindernis seine Wirkung nicht auf Grund seiner Körperlichkeit entfaltete, sondern weil es die Fahrer psychisch motivierte, schließt die Anwendung des Gewaltbegriffes nicht aus.

Ihr Verhalten war nach § 240 Abs. 2 StGB widerrechtlich. Im Hinblick auf Ihre Einlassung ist hierbei zunächst darauf hinzuweisen, dass nach § 240 Abs. 2 StGB die Feststellung der Rechtswidrigkeit einer Nötigung nicht von der Disqualifizierung des Täters als eines in sittlicher Hinsicht entschieden verderbt handelnden oder auch ruchlosen Menschen abhängig ist. § 240 StGB lautet nicht, dass sich wegen Nötigung strafbar mache, wer einen anderen durch Anwendung von Gewalt zu einer Handlung, Duldung oder Unterlassung nötigt und sich hierdurch als ein verderbter oder gar ruchloser Mensch erweist. Der vom Gesetzgeber in § 240 Abs. 2 StGB verwandte Begriff: verwerflich, hat eine durch den Zusammenhang gegebene weniger weitreichende Bedeutung. Das folgt für den Juristen bereits zwingend daraus, dass das Merkmal der Verwerflichkeit nach seiner Stellung im Ausbau des Nötigungstatbestandes bereits im Rahmen der sog. Rechtswidrigkeit zu prüfen ist, wo die von den strafrechtlichen Begriffen der Schuld, gegebenenfalls auch des Vorsatzes, erfaßten subjektiven Momente des Tatgeschehens noch ausgeblendet sind. Es versteht sich von selbst, dass ohne Einbeziehung dieser Momente die Feststellung, ein Mensch handle ruchlos, die im übrigen nur in ganz extremen Ausnahmefällen möglich ist, etwa innerhalb des Mordparagraphen, nicht getroffen werden kann. Das Merkmal verwerflich ist damit mit der Entscheidung BGH 18, 392 im Sinne von sozialer Unerträglichkeit oder auch, was auf das gleiche hinausläuft, sozialer Mißbilligungswürdigkeit zu interpretieren.

Maßstab hierfür ist nicht das Gewissen des einzelnen oder was er dafür halten mag, auch nicht ein irgendwie gearteter ethischer Entwurf. In einer von Verfassungs wegen gewollt pluralistischen Gesellschaft, die verschiedene Gewissensentscheidungen und ethische Entwürfe bewusst toleriert, scheitert dies bereits daran, dass insoweit ein einheitlicher Maßstab häufig nicht vorhanden sein würde. Heranzuziehen ist vielmehr ein objektiver Maßstab, der unter Berücksichtigung des eben Gesagten nur in den Vorgaben der Rechtsordnung, damit auch der Verfassung, gefunden werden kann.

In Anwendung dieses Maßstabes ist die geschehene Blockade zu missbilligen.

Hierfür ist zunächst wesentlich, dass es keine rechtlichen Bestimmungen gibt, die ein derartiges Tun erlauben würden:

Zwar schützt das Grundgesetz in Artikel 5 die Meinungsfreiheit und damit die geistige Auseinandersetzung, aber eben nur die geistige, das heißt die mit geistigen Mitteln sich vollziehende. Eine zur Verlautbarung von Protest durchgeführte Blockade fällt nicht darunter, weil hierdurch der Blockierte gezielt in seiner Handlungsfreiheit beeinträchtigt wird. Der Bereich der bloß geistigen Auseinandersetzung ist damit verlassen. Ähnliches gilt für

Artikel 8 Grundgesetz. Diese Grundrechtsbestimmung schützt die Freiheit, sich zu versammeln, insbesondere als Mittel der Meinungsbildung und der Meinungskundgebung; insoweit aber nach ihrem ausdrücklichen Wortlaut auch nur die Freiheit zur friedlichen Versammlung. Versammlungen, die gezielt auf die Beeinträchtigung der Handlungsfreiheit anderer ausgerichtet sind, fallen nicht darunter. Falls daher überhaupt in dem Umstand, dass am 24. Juni 1984 gegen 15 Uhr mehrere Personen gemeinsam in Mutlangen blockierten, je eine Versammlung zu sehen sein sollte, würde es sich aus dem genannten Grund jedenfalls nicht um eine friedliche i. S. v. Artikel 8 Grundgesetz und damit dessen Schutz unterfallende gehandelt haben.

Schließlich wurde Ihr Tun auch nicht durch Artikel 26 Grundgesetz, der insbesondere die Vorbereitung eines Angriffskrieges verbietet, freigegeben. Unter Berücksichtigung des erklärten Charakters der NATO als Verteidigungsbündnis kann nicht davon ausgegangen werden, dass ein im unerlaubten Gegensatz zu Artikel 26 Grundgesetz stehender Angriffskrieg im Sinne dieser Bestimmung vorbereitet würde. Dass mehr offensive Strategien jedenfalls im Gespräch sind, erfüllt nicht die Voraussetzungen des Artikels 26 Grundgesetz, dass solche Strategien auch im Falle eines durch einen von außen kommenden Angriff ausgelösten und damit durch das Grundgesetz nicht verbotenen Krieges Anwendung finden könnten.

Andererseits verstoßen Blockaden in verschiedener Hinsicht gegen die Rechtsordnung, insofern einmal die Regeln der Straßenverkehrsordnung über die Straßenbenutzung nicht eingehalten werden, ferner die vom Recht geschützte Handlungsfreiheit des Blockierten nachhaltig nicht beachtet wird und insbesondere auch nicht das selbstverständliche Recht der Bundesregierung bzw. des Bundestages, von ihnen getroffene Entscheidungen – und zwar legale, wie wir spätestens seit dem Urteil des Bundesverfassungsgerichts vom Dezember auf die Organklage der Grünen wissen – nicht durch öffentlichen Rechtsbruch beantwortet zu sehen, was bei massiertem Auftreten die Regierbarkeit dieses Landes beeinträchtigen müsste.

Dies alles zusammen genommen führt zur Missbilligung Ihres Handelns vom 24.6.1984 und damit zur Bejahung der Rechtswidrigkeit Ihres Tuns i. S. v. § 240 Abs. 2 StGB.

Zu einer anderen Beurteilung der Frage nach der Rechtswidrigkeit vermag nicht zu führen, dass Sie aus Sorge um den Frieden – ich nehme Ihnen das ab – gehandelt haben. Ein Rechtssatz des Inhalts, dass, wer mit dieser Motivation handle, sich auch bei ansonsten gegebenem Rechtsbruch rechtmäßig verhalte, gibt es nicht und kann es im Hinblick auf den Gedanken, dass die Unverbrüchlichkeit des Rechts die unverzichtbare Voraussetzung des Friedens ist, auch gar nicht geben, wenn anders sich das Recht nicht selbst aufheben will.

So hat es auch den Anschein, dass mit der Forderung, Blockadeaktionen als Rechtens gelten zu lassen, letztlich – gelegentlich wird das auch so ausformuliert – sogenannte höhere Legitimität gegen die Legalität ausgespielt wird. Ich weiß, dass Sie diese Forderung so nicht erheben, meine aber im Blick auf Ihren geistigen Rang gleichwohl mich zu diesem, mich seit längerem bewegenden Punkt äußern zu sollen. Als der – sich in Verfassung und einfachem Recht ausdrückenden – Legalität verpflichteter Richter muss ich darauf hinweisen, dass solche Entgegensetzung von Legitimität und Legalität geeignet ist, – es gibt ein historisches Beispiel – dem Totalitären die Bahn zu bereiten, das wir beide ablehnen. Speziell die Juristen haben da ihre Erfahrungen. Eine nachdrückliche Warnung davor ist nicht zuletzt im Hinblick auf die unvergleichliche Wucht, mit der die Forderung nach Straffreiheit von Blockadeaktionen erhoben wird, angebracht. Es zeigt sich hierin meines Erachtens anderes als bei der angelsächsischen sog. Civil disobedience, die eine genau begrenzte Regelverletzung setzt und die rechtlichen Sanktionen entgegennimmt. Nein, hier soll die Sanktionslosigkeit von – im Blick auf die Verfassung höchst bedenklichen – Aktionen erkämpft werden, wobei man zum Teil auch nicht zurückschreckt vor – vorerst verbalen – beleidigenden Angriffen auf die Widerstehenden, auch wenn es sich um einen Richter handeln sollte. Ich möchte es nicht versäumen, Ihnen zur Verdeutlichung die von mir etwa heute früh vorgefundene Begrüßung im Wortlaut bekanntzumachen:

„Geehrter Herr ... bei Ihren einseitigen und menschenverachtenden Fließband-‚Urteilen‘ gewinne ich den Eindruck, dass Sie am Volksgerichtshof einen fähigen Richter abgegeben hätten. Hier wird das Recht von Ihnen mit Schmutzfüßen getreten.

Wenn Sie an eine scharfe Pershing gekettet würden, wäre dem Recht ein großer Dienst erwiesen. Mit zornigen Grüßen ...“

Herr Professor Jens, ich frage mich und Sie: quem ad finem? Sie haben vorsätzlich gehandelt. Damit sind für Sie alle Voraussetzungen für eine Bestrafung gegeben. Zwanzig Tagessätze sind auch in Ihrem Fall angemessen.

Die Tagessatzhöhe ergibt sich aus dem von Ihnen angegebenen Einkommen unter Berücksichtigung Ihrer familiären Situation.

Bei der begrenzten Konfrontation, die ich mit Ihnen nur habe, erlaube ich mir noch ein paar persönliche Bemerkungen, die Sie als versöhnlich empfinden mögen:

Die atomare Bedrohung ist sicher eine Herausforderung ohnegleichen, die nicht nur den Politikern und Militärs überlassen bleiben darf, sondern alle, insbesondere auch den Gelehrten, fordert. Ich bin der Überzeugung, dass es vielfältigen Bemühens bedarf, um diese Herausforderung vielleicht doch zu bestehen, Bemühens im politischen, rechtlichen und – ich füge bewusst hinzu – auch sittlichen und religiösen Bereich.

In dem schon monatelangen Umgang mit jungen Blockierern sehe ich manche Züge, die zu hoffen geben. Ich habe bei anderer Gelegenheit, ich meine auch zu Ihren Ohren, darüber gesprochen und brauche hier nur noch ergänzend auf die oft zu beobachtende Bescheidenheit, was die materiellen Lebensansprüche betrifft, hinzuweisen.

Sehr skeptisch stimmen indessen die oft festzustellende Scheuklappenmentalität – man sieht nur einen Teil der Probleme, etwa nur die mit den Pershings gegebenen Gefahren –; der oft mehr oder weniger deutlich zu greifende Absolutheitsanspruch – nur man selber und die Gesinnungsgenossen haben recht –; und schließlich auch das immer wieder zu beobachtende Sichangesiedelthaben in einem illusionären Wolkenkuckucksheim, das die Realitäten der Welt in einer Weise nicht mehr wahrnimmt, dass einem Mann mit den Erfahrungen des Juristen Hören und Sehen vergehen kann.

Ich meine, als engagierter Gelehrter sollten Sie auch das sehen und in Ihre Sorge aufnehmen; schließlich und vor allem auch den von manchen meiner Angeklagten nicht richtig eingeschätzten Umstand, dass Menschenleben wesentlich auch immer neu zu behauptendes Leben in Freiheit ist. Der Sinn der Geschichte kann sicher nicht sein, dass sie im Atomtod erlischt, aber auch nicht, dass sie Beute des politischen Totalitarismus wird, zumal das letztere keineswegs die Gewähr für die Vermeidung des ersteren wäre.

6. Wirkung von Rede und Rednerin

Dieses Kapitel enthält Übungen, bei denen mit Reden die Entscheidung der Zuhörerinnen für Personen und Meinungen beeinflusst werden soll. Insbesondere enthält es eine Übung, bei der jede Rednerin eine schriftliche Einzelrückmeldung über die Wirkung ihrer Rede bekommt. Die Leitbegriffe zur Beurteilung der Wirkung von Rednerinnen und Rednern, besonders „Echtheit", „Sicherheit", „Verständnis" und „Freundlichkeit" sind den Arbeiten einer Gruppe von Psychologen um Reinhard Tausch entlehnt. Es sind praktikable Begriffe mit begrüßenswerten pädagogisch-moralischen Implikationen.

Von zuweilen unterschätzter Bedeutung sind die Regeln, die sich aus der empirischen Sozialforschung für die persuasive Wirkung von Reden ableiten lassen: Sie ermöglichen begründete Prognosen über die zu erwartende Wirkung von Reden in Abhängigkeit etwa vom Aussehen des Redners, der Überzeugbarkeit der Zuhörer und den in der Rede vertretenen Meinungen im Verhältnis zu den Einstellungen der Zuhörer. Politische Reden und sonstige massenmediale Erscheinungen sind oft besser zu verstehen, wenn man berücksichtigt, dass sie auf dem Hintergrund von Meinungsumfragen konzipiert worden sind. Die Kenntnis von Ergebnissen der empirischen Sozialpsychologie zur Wirkung von Reden kann für Schülerinnen und Lehrerinnen auch für die eigene Produktion von wirksamen Reden sehr nützlich sein. Die oben genannten Leitbegriffe lassen sich gut mit Regeln aus der empirischen Sozialpsychologie in Einklang bringen.

Aspekte des Themas „Redewirkung" wie

❏   Lüge, Täuschung, Polemik und Manipulation in Reden oder
❏   rhetorische im Verhältnis zu sozialen und politischen Strategien

sind hier nicht zum Gegenstand von spezifischen Übungen gemacht worden. Das Literaturverzeichnis enthält einige Titel zu diesen Fragen.

Ein Geschenk an eine Mitschülerin überreichen

Ab 7. Schuljahr

Diese Übung soll auf Gesellschaftsreden vorbereiten, wie sie im privaten Bereich, aber auch im Berufsleben und in Vereinen häufig vorkommen.

Jede soll einer Partnerin vor der Klasse ein passendes Geschenk zu einem erdachten Anlass überreichen. Es ist günstig, wenn tatsächlich irgendein symbolischer Gegenstand überreicht wird. Die Ansprache soll freundlich sein. Besonders kommt es auf ein angenehmes, sicheres Verhalten an.

Zunächst werden Stichpunkte für die Ansprachen an der Tafel gesammelt:
1. Anrede
2. Anlass
3. Ausgewählte Angaben zur Person der Beschenkten, z.B. zu

❏ Herkunft, Vergangenheit
❏ Gegenwart – Schule
❏ Zukunft (Berufs- und sonstige Lebenspläne)
❏ Hobbys, Freizeitgestaltung.

4. Geschenk überreichen, mit Anknüpfung an das vorher Gesagte.

Die Vorbereitung der Reden erfolgt in Partnerarbeit. Als Partnerin sollen die Schülerinnen nicht die beste Freundin wählen. Die Schülerinnen sollen besprechen, was die eine über die andere Gutes sagen könnte, und ggf. auch, was nicht erwähnt werden sollte.

Dann folgen paarweise nacheinander die Ansprachen mit Geschenkübergabe vor der Klasse.

Die Beschenkte kann mit einem freundlichen Satz danken. Die Lehrerin wirkt, wenn nötig, behutsam auf das körperliche Verhalten der Schülerinnen ein.

Die Schülerinnen könnten zu Anfang oder in die Folge der Ansprachen eingeschoben Körperübungen durchführen:

❏ sichere Haltung einnehmen (als ob man der Bundespräsident wäre);
❏ im Raum umhergehen;
❏ auf einen Stuhl steigen, die Menge grüßen;
❏ Körper ausschütteln.

Am Ende werden im Klassengespräch Erfahrungen und Beobachtungen besprochen. Die Lehrerin äußert am Ende ihre Zufriedenheit mit den Ansprachen und dem Auftreten der Schülerinnen.

Vorschlag für die Persönlichkeit des Jahres

Ab 7. Schuljahr

Jede Schülerin soll in einer Kurzrede eine Person zur Wahl für die „Persönlichkeit des Jahres" vorschlagen. Die vorgeschlagene Person soll noch leben.

Die Kurzrede soll nach Stichworten gehalten werden und nicht länger als zwei Minuten dauern.

Nachdem alle Schülerinnen gesprochen haben, wird offen kumulativ abgestimmt, d.h. jede kann für jeden Vorschlag stimmen. Oder es erfolgt eine geheime Abstimmung mit Stimmzetteln: Jede Schülerin muss zwei der vorgeschlagenen Persönlichkeiten auf ihren Stimmzettel schreiben. Der Vorschlag mit der höchsten Stimmenzahl gewinnt.

Anschließend kann besprochen werden, was wohl der Hauptgrund für dieses Ergebnis war: der Vorschlag selbst, die Rednerin oder die Rede.

Diese Übung gibt den Schülerinnen Gelegenheit zur Selbstdarstellung und vielleicht Selbstklärung. Sie ist eine gute Vorübung sowohl für Reden der Gattung „laudatio" als auch für Wahlreden.

Wahlkampf: Eine Mitschülerin zur Zweitlehrerin wählen

Ab 8. Schuljahr

Die Lehrerin erklärt, dass beim nächsten Mal eine Schülerin einen Teil der Stunde als Redelehrerin unterrichten solle. Diese Schülerin solle heute gewählt werden.

Es wird durch Vorschläge aus dem „Plenum" eine Liste der Kandidatinnen erstellt; die Kandidatur kann abgelehnt werden. Es sollten sich jedoch drei bis fünf Kandidatinnen zur Verfügung stellen. Die Kandidatinnen sollen sich dann je eine Anhängerin suchen. Nach einer Vorbesprechung in Partnerarbeit sollen zunächst die Anhängerin und dann die von ihr unterstützte Kandidatin „Wahlreden" halten. Am Ende der Rede der Kandidatin kann eine kurze Befragung der Kandidatin stattfinden.

Dann folgt eine geheime Wahl mit Stimmzetteln. Jede Schülerin hat eine Stimme, auch die Kandidatinnen. Die jeweilige Stimmenzahl wird bekanntgegeben. Zum Wahlsieg genügt die einfache Mehrheit.

Es folgt eine Besprechung des Wahlergebnisses. Insbesondere wird erörtert, inwieweit das Ergebnis in der Präsentation der Kandidatinnen begründet sein könnte.

Die Übung gewöhnt die Schülerinnen an die Abläufe und Regeln von Wahlen. Sie kann zur nicht immer schmerzlosen Offenlegung der Beziehungen in der Klasse führen. Das sollte in Kauf genommen werden, weil auch bei künftigen Konkurrenzsituationen entsprechende Erfahrungen nicht zu vermeiden sind. Im übrigen kandidieren im allgemeinen Schülerinnen, die sich zutrauen, diese Belastung auszuhalten. Diese Erfahrungen können für die Übungsgruppe und die Einzelnen nützlich sein. Sie können Lehren für das künftige Verhalten daraus ziehen. Im Ganzen erhöhen solche erregenden gemeinsamen Erlebnisse den Zusammenhalt der Klasse oder Übungsgruppe.

Die Lehrerin kann den Mut und Einsatz der Kandidatinnen und ihrer Assistentinnen hervorheben. Sie kann äußern, dass es nützlich ist, ohne Angst vor Folgen Erfahrungen mit Konkurrenz zu machen.

Übrigens hat die Gewählte nicht nur Ehre und Freude. Sie hat für ihre Wahl Gegenleistungen zu erbringen, hier etwa tatsächlich in der nächsten Stunde als Zweitlehrerin zu agieren. Sie könnte z.B. eine der Übungen aus Kapitel 7 durchführen. Zu erleben, dass gewählt zu werden auch Belastungen mit sich bringt, kann ebenfalls eine lehrreiche Erfahrung sein.

In der Schule kann man die Wahlen zur Klassensprecherin zum Anlass für Unterricht wie den hier geschilderten nehmen. Natürlich sollten schon im 5. Schuljahr bei solchen Wahlen zumindest die Kandidatinnen in kurzen Reden über ihre Pläne sprechen und anschließend auf die Fragen ihrer Mitschülerinnen antworten.

Literatur:
BEHME, HELMA: Miteinander reden lernen. München, 2. Aufl. 1987. S. 144: „Ersatzperson".

Einer Mitschülerin zur Wahl zur besten Rednerin des Jahres gratulieren

Ab 8. Schuljahr

Jede Schülerin soll einer anderen zur Wahl zur besten Rednerin des Jahres gratulieren. Es soll auch ein passendes Geschenk (durch einen Ersatzgegenstand repräsentiert) überreicht werden. Die Geehrte kann kurz danken.

Jeweils zwei Schülerinnen tun sich zusammen und bereiten gemeinsam in einer kurzen Vorbesprechung die geplante Gratulationsrede vor. In einer ersten Runde lobt jeweils die eine Partnerin die andere vor der Klasse, in einer zweiten dann die andere die erste.

Die Übung ist realitätsnah (Laudatio bei Vorstellung einer Person oder Gratulation). Sie trainiert das Verhalten vor Publikum: Die Gelobte wird vor die

Gruppe gebeten, die Rednerin muss richtig zu ihr und dem Publikum stehen, ein Geschenk wird vor Publikum überreicht und angenommen, beide müssen möglichst formvollendet abgehen.

Inhaltlich wird die Aufmerksamkeit auf rhetorische Themen gelenkt. Das bietet Gelegenheit zu aktiver Reflexion über die eigenen rhetorischen Kriterien und Fertigkeiten.

Die Übung regt zu positiven Kommentaren über Mitschülerinnen an. Jede Schülerin steht einmal als Gefeierte im Mittelpunkt der Aufmerksamkeit. Das wirkt sich günstig auf die Stimmung und die Beziehungen der Schülerinnen aus.

Reden mit Rückmeldungen

Rückmeldungen von Zuhörerinnen können die Redelernprozesse intensiv fördern. Grundsätzlich können auch kurze Redeleistungen gründlich beurteilt werden. Die Ausführlichkeit der Beurteilungen richtet sich nach didaktischen, methodischen und unterrichtsökonomischen Gesichtspunkten.

Einige Möglichkeiten:

1. Die Lehrerin fragt die Schülerinnen und Schüler, welche der Reden für sie die beste war. Alle nennen diejenige, die ihnen außer der eigenen am besten gefallen hat. Wessen Rede dabei genannt wird, dürfte sich verstärkt fühlen. Die anderen können lernen, welche Art von Reden Zustimmung findet. Es kann sich ein Klassengespräch über die Gründe für das Ergebnis dieser Meinungsumfrage anschließen. Das kann den Schülerinnen ihre Beurteilungskriterien bewusst machen und darüber hinaus zu allgemeinen Einsichten über Redewirkungen führen. Eine sozial und lernpsychologisch negative Wirkung ist bei diesem Verfahren weitgehend ausgeschlossen: Eine Rangordnung der nicht genannten Reden wird nicht herausgestellt; beim Klassengespräch wird die Aufmerksamkeit auf positive Merkmale der Übungsreden gelenkt.

2. Eine wichtige Methode der Rückmeldung ist der Einsatz von Ton- und Videoaufnahmen. Die Gewöhnung an das Sprechen ins Mikrofon und die Einführung in das Reden mit Videoaufnahmen stellen im übrigen an sich wichtige Teilaufgaben des Redeunterrichts dar. Durch die Wiedergabe tritt eine Verlängerung der Unterrichtszeit auf mehr als das Doppelte ein. Man kann mehrere Kurzreden hintereinander aufnehmen und dann die Aufnahme u.U. mit einigen Stopps ablaufen lassen. Videoaufnahmen regen insbe-

sondere zum Eingehen auf die visuellen Aspekte der Redewirkung (Blickkontakt, Mimik, Gestik, Körperhaltung, Körperbewegung...) an. Stimmen und Sprechweisen können anhand von Tonaufnahmen gründlich besprochen werden.

3. Die Rückmeldungen können in Form von schriftlichen Stellungnahmen der Schülerinnen und der Lehrkraft erfolgen.

Ein Beispiel für eine einfache Art der schriftlichen Rückmeldung: Die Zuhörerinnen und auch die Rednerin selbst schreiben lediglich insgesamt bis zu vier Punkte auf Zettel, und zwar zunächst unter „Gut:..." und dann unter „Verbesserungsfähig...", vgl. S. 134. Das kostet weniger Zeit als ausführliche Rückmeldungen und ist für die Rednerin kaum weniger ergiebig.

Ein Beispiel für ein ausführliches Rückmeldungs- und Beurteilungsblatt: vgl. Abb. S. 135. Das Blatt eignet sich für Redeübungen wie „Einleitung in ein mündliches Referat", Kurzredeübungen und freie Reden vor der Klasse. Die einzelnen Punkte des Beurteilungsblattes können kurz erläutert und besprochen werden.

Zu „Verständlichkeit" siehe die Erläuterungen im entsprechenden Kapitel dieses Buches. Zu „echt": Bei „Echtheit" geht es darum, ob das, was geäußert wird, den Eindruck macht, dass es dem inneren Erleben der Rednerin entspricht. Damit ist nicht nur gemeint, dass jemand sich so äußert, wie es seinem Denken und Fühlen entspricht, sondern auch, dass er den Eindruck erweckt, mit sich selbst im reinen zu sein („Inkongruenz erster Art"/"Inkongruenz zweiter Art"; vgl. Fittkau u.a.: Kommunizieren lernen... S. 44). Wer z.B. sagt: „Ich freue mich, hier zu sein" und dabei ängstlich dreinschaut, oder wer sagt, er sei für gemeinsame Entscheidungen, aber den Eindruck vermittelt, er wolle alles allein bestimmen, wirkt nicht „echt". Als Regel kann die Lehrerin anbieten: Man braucht nicht alles zu sagen, was man denkt; aber alles, was man sagt, sollte „echt" sein. – „Echtheit" ist kein absoluter Wert. Es kann z.B. sinnvoll sein, Gefühle von Unsicherheit zu überspielen.

Leitbegriffe wie „Echtheit", „Freundlichkeit" und „Sicherheit" lassen sich leicht mit Leitvorstellungen der antiken Affektenlehre in Beziehung setzen. So empfiehlt Aristoteles für das „ethos", den Charakter des Redners, Intelligenz (lebenspraktische Erfahrung), sittliche Integrität und Wohlwollen, da man dem Tugendhaften lieber und schneller glaube (vgl. Ottmers 1996, S. 119 f.).

Ein Vorteil des ausführlichen Beurteilungsblatts liegt darin, dass wesentliche Aspekte „abgefragt" werden und sich damit den Schülerinnen einprägen können. Die Schülerinnen sollen aber nur zu den Aspekten etwas schreiben, die ihnen im konkreten Fall wichtig erscheinen.

Wenn die Reden auf Tonband oder mit dem Videorecorder aufgenommen wurden, kann die Wiedergabe während des Ausfüllens der Rückmeldungsblätter erfolgen.

Die schriftlichen Rückmeldungen sind zeitaufwendig. Für jede Rede mit ausführlicher Auswertung sind mindestens 15 Minuten anzusetzen. Diese Zeit ist jedoch gut genutzt, weil sie intensive Lernerfahrungen ermöglicht. Die schriftlichen Rückmeldungen vermitteln den Rednerinnen einen genaueren Eindruck von ihrer Redewirkung als eine direkt anschließende Nachbesprechung, schon weil sich dabei alle Zuhörerinnen äußern, und besonders auch, weil die Kommentare ohne den Einfluß von Stellungnahmen anderer abgegeben werden. Sie können eindringlich erfahrbar machen, wie unterschiedlich die gleiche Rede aufgenommen und bewertet werden kann.

Weil alle im Anschluß an die Rede schriftlich Stellung nehmen müssen, hören alle intensiv zu. Die Zuhörenden üben dabei genaues Zuhören und differenziertes, begründetes Bewerten: Auch das sind wichtige Lernziele.

Nachdem die schriftlichen Rückmeldungen angefertigt und der Sprecherin ausgehändigt worden sind, sollte noch eine mündliche Rückmeldung im Klassengespräch erfolgen. Bewährte Methode: Alle kommentieren die Rede mit einem Satz – oder auch zwei. Die schriftlichen Stellungnahmen sind eine intensive Vorbereitung der folgenden Diskussion der Rede. Oft erleben die Schülerinnen, aber auch die Lehrerin, dass andere Teilnehmerinnen an der Redeübung wichtige Beobachtungen äußern, die sie selbst nicht gemacht oder sich nicht hinreichend deutlich bewusst gemacht haben. Es kann vorkommen, dass die Beobachtungen und Beurteilungen der anderen dazu führen, dass jemand sein Urteil über eine Rede ändert. Das kann einen Lerneffekt auch für das eigene Redeverhalten ergeben.

Zu Beginn der nächsten Stunde können die Rednerinnen noch die wichtigsten Ergebnisse der schriftlichen Beurteilungen mündlich zusammenfassen und kurz aus ihrer Sicht kommentieren. Die Lehrerin kann die Aufgabe eingrenzen auf die Darstellung der drei wichtigsten Punkte, die sich für die Rednerin aus den Rückmeldungen ergeben haben. Insbesondere kann die Rednerin gebeten werden, zu sagen, in welchem Punkt sie selbst in erster Linie ihre rhetorischen Fähigkeiten weiterentwickeln will. Nur ausnahmsweise sollte sich daran noch eine weitere Diskussion anschließen. Streit über die Berechtigung von negativen Kommentaren zu einer Rede oder Rednerin soll nicht ausgetragen werden: Die Rednerin wird aufgefordert, ggf. auch unbegründete negative Kritik als Tatsache hinzunehmen, der Kritikerin für die Offenheit dankbar zu sein und über ihre Äußerung nachzudenken. Ob sie auf die Kritik hin etwas an ihrem Verhalten ändern will oder nicht, bleibt ihrer eigenen Entscheidung überlassen.

Die Rednerinnen können auch nach längerer Zeit noch einmal die schriftlichen Kommentare zu ihren Reden durchsehen und daraus Anregungen für ihre weitere rhetorische Entwicklung ziehen.

Auch die Lehrerin kann in gleicher Weise eine Dreiminutenrede halten und sich dabei um eine vorbildliche rhetorische Leistung bemühen. Sie bekommt eine intensive Rückmeldung von den Schülerinnen.

Außerdem kann die Lehrerin mit der Besprechung der Reden die Vermittlung theoretische Kenntnisse und die Anregung von Reflexionen verbinden, z.B. zu ethischen, sozialpsychologischen, logischen und sprachlichen Aspekten des Redens.

Literatur:
DRÖGE, FRANZ/ WEIßENBORN, RAINER/ HAFT, HENNING: Wirkungen der Massenkommunikation. Frankfurt 1973
FITTKAU, BERND/ MÜLLER-WOLF, HANS-MARTIN/ SCHULZ VON THUN, FRIEDEMANN U.A.: Kommunizieren lernen (und umlernen. Trainingskonzeptionen und Erfahrungen. Braunschweig 1977, 6. Aufl. 1889
FITTKAU, BERND/ MÜLLER-WOLF, HANS-MARTIN/ SCHULZ VON THUN, FRIEDEMANN (HG.): Kommunikations- und Verhaltenstraining für Erziehung, Unterricht und Ausbildung. 2. überarbeitete und ergänzte Aufl. München 1977
OTTMERS, CLEMENS: Rhetorik. Stuttgart 1996
TEIGELER, PETER: Verständlichkeit und Wirksamkeit von Sprache und Text. Stuttgart 1968

Redebeurteilungsblatt I

Rückmeldungen zur Rede: ....

Ich fand gut:

1.

2.

Ich fand verbesserungsfähig:

1.

2.

Redebeurteilungsblatt 2

Rückmeldungen zur Rede: ....

Meine Bemerkungen:

Verständlichkeit

Sachliche Gliederung
Zuhörergerechte Gliederung
Formale Gliederung (gliedernde Redeteile,
Pausen usw.) Wortwahl und Satzbau
Redeverhalten
Sprechweise

Wirkung des Redeinhalts

Passten das Thema und die Art seiner
Behandlung gut zu den Zuhörer(innen)
und zur Gelegenheit?
Trafen die Behauptungen zu?
War der Gedankengang klar und überzeugend?

Wirkung der Rednerin/des Redners:

Wirkte die Rednerin/der Redner „echt"
(offen und ausgeglichen)?
Wirkte das Auftreten angenehm sicher,
nicht ängstlich oder aggressiv?
Wirkten Verhalten und Ausdruck freundlich?
Hat sie/hat er die Interessen und Vorkenntnisse
der Zuhörer(innen) richtig eingeschätzt und sich
gut auf sie eingestellt?

Gesamteindruck:

Hat die Sprecherin/der Sprecher die Zuhörer(innen)
für sich und seine/ihre Sache gewonnen?

Sonstiges:

Zur Beurteilung und Benotung von Redeleistungen

Es ist im allgemeinen günstig für den Lerneffekt, Redeübungen als benotungsfreien, eher spielerischen Unterricht durchzuführen. Bei Redeübungen für Anfängerinnen können sich allzu gründliche Erörterungen und die Benotung einzelner Redeleistungen nachteilig auswirken. Negative Beurteilungen können die Redemotivation beeinträchtigen. Überhaupt kann allzu differenzierte Verhaltenskritik sich eher hemmend auf das weitere Redeverhalten auswirken, weil es nicht möglich ist, eine Vielzahl von Aspekten des Redeverhaltens gleichzeitig zu kontrollieren. Der Versuch, alles zugleich zu perfektionieren, muss mit Mißerfolgserlebnissen enden. Andererseits dürfte es aber doch zu mehr Effektivität des Gesprächs- und Redeunterrichts führen, wenn exemplarische Rede- und Gesprächsleistungen, also nicht etwa nur die mündliche Beteiligung am Deutschunterricht, „offiziell" benotet würden: Dann würde die Entwicklung von Rede-und Gesprächsfähigkeit bei den Lehrkräften und auch bei den Schülerinnen und Schülern mehr Beachtung finden.

Es gibt an den Schulen kein Beurteilungsinstrumentarium für Gesprächs- und Redeleistungen im Deutschunterricht, das dem für schriftliche Schülerleistungen vergleichbar wäre. Insbesondere gehen beim Abitur Fähigkeiten wie gutes Anleiten zu komplexen Handlungsabläufen, einfühlsame Gesprächsführung, Verhandlungsgeschick oder die Fähigkeit, bei Konflikten zu schlichten, nicht in die Abiturnote ein. Die bei der Beurteilung und Benotung auftretenden Probleme und Unsicherheiten hinsichtlich der Prüfungsaufgaben und Beurteilungskriterien und -verfahren sind nicht geringer, aber auch nicht gravierender als bei schriftlichen Leistungen.

Einige Empfehlungen für die schulische Beurteilung mündlicher Leistungen:

– Auch mündliche „Prüfungsaufgaben" sollten immer zugleich mit dem Ziel gestellt werden, die erwünschten Lernprozesse zu fördern.

– Die Lehrerin sollte nur Leistungen benoten, die im vorangegangenen Unterricht vorbereitet wurden.

– Die Beurteilungs- und Bewertungskriterien sollten vorher mit den Schülerinnen abgeklärt worden sein. Besonders hilfreich ist es, wenn die Schülerinnen selbst im Unterricht dazu angeleitet werden, mündliche Leistungen zu beurteilen. Da es für verschiedene mündliche Leistungsanforderungen verschiedene „Bewertungsprofile" gibt (z.B. Vortrag eines fremden Redetextes/Kurzrede mit selbstgewähltem Thema), müssen dafür spezifische Bewertungsschemata mit unterschiedlichen Gewichtungen erarbeitet und mit den

Schülerinnen abgeklärt werden.

– Besonders sollte bei der Beurteilung ggf. auch das „aptum", die Situations-
angemessenheit, berücksichtigt werden, also z.B., inwieweit die Schülerinnen sich bei ihren Reden gut auf das Vorwissen und die Interessen der Mitschülerinnen oder eines sonstigen Auditoriums eingestellt haben. Wenn die
mündlichen Leistungen in vorbereiteten Ansprachen bestehen, die sich an
die Mitschülerinnen richten, ist es sachgerecht, die mündlichen und ggf.
schriftlichen Beurteilungen der Mitschülerinnen, wenn nötig nach kriti-
scher Diskussion, bei der Bewertung und Benotung zu berücksichtigen.

– Die Lehrerin sollte den Schülerinnen gegenüber einräumen, dass ihre Benotungen lediglich Schätzungen nach bestem Wissen und Gewissen darstellen und dass man verschiedene Bewertungskriterien unterschiedlich ge-
wichten kann.

Im Laufe des Deutschunterrichts können gelegentlich, z.B. bei einer Übung
im Halten von informierenden oder persuasiven, an die Klasse gerichteten
Kurzreden, die rednerischen Leistungen der Schülerinnen benotet werden.
Die Lehrkraft kann die Schülerinnen bitten, ihren Rückmeldungen einen begründeten Notenvorschlag hinzuzufügen. Die Begründung kann z.B. in der
Form erfolgen: „Gut. Kein ‚Sehr gut', weil... Kein ‚befriedigend', weil... ."
Die Lehrkraft kann die Benotungen der Schülerinnen auswerten, zur Diskussion stellen und selbst eine Note festlegen, begründen und auf Wunsch mit
der Klasse diskutieren.

7. Spielerische Reden

Dieses Kapitel enthält Redespiele und spielerische Reden. Mit solchen Übungen lassen sich große Lernfortschritte erzielen. Sie stellen kaum weniger Anforderungen an die rhetorischen Fähigkeiten der Schülerinnen als „ernsthafte" Reden. Bei diesen Übungen wird das Reden in besonderem Maße mit angenehmer Stimmung verbunden: Das kann auf die Rednerinnen angstreduzierend wirken. Die Übungen können ferner die Fähigkeit der Schülerinnen steigern, auch bei ernsthaften Reden für Unterhaltung und gute Laune zu sorgen.

Kettenerzählung

Ab 5. Schuljahr

Die Schülerinnen bekommen jede eine Wortkarte. Sie sollen unter Verwendung der Wörter der Reihe nach eine zusammenhängende Geschichte erfinden. Die letzte soll möglichst ein Ende erfinden, das die Geschichte abschließt.

Beispiele für Wörter auf den Wortkarten:
Autobahn – Schuhe – Lehrer – Lehrerin – Taschenlampe – Polizist – Brücke – Gewitter – Schule – Wörterbuch – Nilpferd – Haus – Mädchen – Wald – Uhr – Fahrrad – Mahlzeit – Tisch – Frosch – Torte – Kakao – Apotheke – Büroklammer – Geburtstag – Schnurrbart ...

Jede Schülerin erfindet einen bis zwei Sätze der Geschichte. Die Lehrerin kann beginnen, z.B.:
„Ein junger Mann fuhr mit seinem Lieferwagen auf der Autobahn. Er war sehr guter Laune."

Kommentar:
Die Übung ist für alle Altersstufen geeignet.

Als rhetorische Übung hat sie die Vorteile:

❒ Jede kommt dran und hat somit Gelegenheit zur Redepraxis.

❒ Durch das Sprechen der Reihe nach entsteht ein Gruppendruck zum Reden, der die Überwindung von Redeangst fördert.

❒ Jede spricht etwa gleich lange. Das trägt zur Herausbildung der Gruppennorm bei, dass jede etwa gleich lange wie die anderen redet.

❒ Ein Hörverstehens-Übungseffekt ergibt sich u.a. daraus, dass die Fortsetzungen der Geschichte an die vorhergegangenen Beiträge anschließen sollen. Dafür müssen die Schülerinnen ihren Vorgängerinnen zuhören und dürfen sich nicht zu früh auf die eigene Fortsetzung konzentrieren.

❒ Außerdem macht die Übung Spaß und steigert so die Kohärenz der Übungsgruppe.

Varianten der Übung: Ohne Wortkarten ein „Gruppenmärchen" erzählen, zu dem jede ein Stück beiträgt. Dabei kann das Ende des Einzelbeitrags „offen" sein, z.B. „... und sagte: ..."

Vgl. GUDJONS S. 162 f. („Märchen erzählen"); mit Hinweisen zur Auswertung der Beiträge im Hinblick auf die Gruppensituation.

Satzschlange und Bandwurmsatz

Ab 5. Schuljahr

Eine Schülerin sagt einen Satz. Das letzte Wort dieses Satzes wird das Anfangswort des Satzes der nächsten Schülerin. Diese „Satzschlange" wird bis zur letzten Schülerin fortgeführt.

Zum „Bandwurmsatz" trägt jede Schülerin nur ein Wort bei. Die Wörter werden ohne große Pausen zusammenhängend gesprochen. Besonders schön ist es, wenn der Satz ein gutes Ende findet, gerade wenn die letzte Schülerin das letzte Wort spricht. Darauf sollten die vorhergehenden Schülerinnen bei ihrer Wortwahl achten.

Literatur:
BEHME, HELMA: Miteinander reden lernen. Sprechspiele im Unterricht. München 2. Aufl. 1987. S. 70 und 99

Aus drei Wörtern Sätze bilden

Ab 5. Schuljahr

Die Schülerinnen bekommen je drei Wortkarten und sollen einen Satz bilden, in dem die drei Wörter vorkommen.

Die Lehrerin lässt zunächst alle Schülerinnen ihre drei Wortkarten ziehen. Dann erst sagen sie der Reihe nach ihren Satz. Dadurch hat jede etwas Bedenkzeit.

Bei einer Wiederholung fordert sie als Steigerung die Schülerinnen auf, ihren Satz zu sagen, unmittelbar nachdem sie ihre drei Wortkarten bekommen haben.

Für die Wortkarten eignen sich besonders konkrete und mehrdeutige Wörter.
Beispiele:

Arbeit, Arzt, Auto, Bank, Bau, Beamter, Bild, Brief, Bonn, Buch, Dichter, Ernte, Fernsehen, Fisch, Frau, Gerät, Glas, Gift, Grill, Hund, Käse, Karte, Kirche, Koffer, Lehrer, Mann, Maus, Messer, Millionär, Note, Papagei, Paris, Politik, Post, Programm, Rede, Sessel, Stadt, Stahl, Stern, Studentin, Tasche, Teppich, Titel, Viertelstunde, Vorurteil, Wand, Wiederholung, Wind, Wort, Zahl, Zahn, Zeit, Zigarette, Zucker.

Beispielsatz:
Arbeit – Arzt – Auto: *Ärzte fahren meist mit dem Auto zur Arbeit.*

Die Übung dient dazu, alle Schülerinnen zum freien Sprechen zu bewegen. So sollen insbesondere auch Redeängstliche an das Reden vor der Klasse gewöhnt werden. Der Zeitdruck bei der Aufgabe, in kurzer Zeit seinen passenden Satz zu finden, entspricht dem Zeitdruck bei der Teilnahme an einer Diskussion. Man kann in der gestellten Aufgabe auch eine Förderung spielerischer sprachlicher Kreativität sehen.

Die Lehrerin sollte die Übung so durchführen, dass alle Schülerinnen die gestellten Aufgaben erfüllen. Wenn einzelne Schülerinnen Schwierigkeiten haben, kann sie ihnen mehr Zeit lassen und, wenn das nicht hilft, neue Wortkarten anbieten.

Hier stimmt etwas nicht!

Ab 6. Schuljahr

Die Lehrerin verteilt an die Schülerinnen einen Text (s. S. 141), in dem inhaltliche Fehler enthalten sind. Um die Spannung zu erhöhen, nennt sie die Zahl der Fehler zunächst nicht. Die Lehrerin kann als Beispiel für einen Fehler nennen: „Er war allein zu Hause" ist nicht richtig, denn Jürgens Mutter ist auch da und bringt Kakao. Die Schülerinnen suchen nun in Einzelarbeit die Fehler.

Dann soll jede Schülerin nur einen Fehler nennen und diesen begründen. Nach jeder Fehlernennung wird kurz im Klassengespräch geklärt, ob es sich wirklich um einen Fehler handelt.

Variante: Die in Einzelarbeit erstellten Fehlerlisten werden in Vierergruppen verglichen. Danach werden die Fehlerlisten der Vierergruppen miteinander verglichen. Etwaige Differenzen der Listen werden im Klassengespräch geklärt.

Ich heiße Martin.

Vor einiger Zeit – meine Eltern waren gerade für drei Wochen verreist – besuchte ich nachmittags meinen Freund Jürgen.

Jürgen wohnt im 12. Stock eines Hochhauses. Er war allein zu Hause. Wir setzten uns an den Wohnzimmertisch, und Jürgens Mutter brachte uns zwei Gläser heißen Kakao, der uns herrlich schmeckte. Wir unterhielten uns angeregt. Dabei konnten wir durch das Wohnzimmerfenster fröhlich tschilpende Spatzen beobachten, die in dem Kirschbaum im Garten vor dem Haus herumhüpften.

Ich schlug vor, einen Spaziergang durch die Natur zu machen. Jürgen stimmte zu. Wir spülten noch die Kakaotassen, und dann wanderten wir bald durch die Felder. Dabei pflückten wir für unsere Eltern jeder einen schönen Strauß Klatschmohn und Kornblumen. Die Schatten wurden allmählich kürzer und kürzer. Bald würde die Sonne untergehen. Auf dem Rückweg in die Stadt – es war schon nach sechs Uhr – wurden wir Zeugen eines Unfalls. Auf einer Kreuzung stießen wegen vereister Fahrbahn im dichten Abendverkehr zwei Autos zusammen. Ich schaute hinein und sah, dass einer der Fahrer schwer am Bein verletzt war; das Bein war gebrochen. Jürgen kannte einen Arzt, der in der Nähe wohnte, und rannte zu ihm. Er kam bald zurück und berichtete, der Arzt habe versichert, dass die Verletzung nicht gefährlich sei. Inzwischen waren auch Polizei und Krankenwagen eingetroffen. Der verletzte Autofahrer stieg in den Krankenwagen und wurde weggefahren. Wir berichteten der Polizei, wie es zu dem Unfall gekommen war, und gingen dann schnell weiter. Unterwegs lasen wir auf Plakaten, dass in vier Wochen in einem Konzert Beethovens 5. Sinfonie gespielt würde; dabei würde der Komponist selbst dirigieren. Das wollten wir unseren Eltern sagen.

Jürgen und ich trennten uns. Unser Abend war aber noch nicht zu Ende. Als ich vor meiner Haustür ankam, fand ich meinen Schlüssel nicht. Hatte ich ihn bei Jürgen liegen lassen? Ich beschloss, vom Telefon in meiner Wohnung aus Jürgen anzurufen. Der fand den Schlüssel tatsächlich auf dem Sofa im Wohnzimmer und war so nett, ihn mir zu bringen. So konnte ich endlich ins Haus.

Lösungen:

1. allein– Mutter ist da
2. 12. Stock – Kirschbaum vor Wohnzimmerfenster sichtbar
3. Kakaogläser – -tassen
4. Blumen für Eltern: Zumindest Martins Eltern sind für drei Wochen verreist.
5. Abends werden die Schatten nicht kürzer, sondern länger.
6. vereiste Fahrbahn – Kornblumen
7. Arzt erklärt Verletzung für ungefährlich, hat sie aber nicht gesehen
8. Verletzter Autofahrer steigt in Krankenwagen – hat Bein gebrochen!
9. Beethoven kann nicht selbst dirigieren (1770-1827).
10. Martin sagt, er habe Jürgen vom Telefon in seiner Wohnung aus angerufen. Er kam aber nicht ins Haus!

Der Text kann als Impuls für das Üben geordneter argumentativer Klassengespräche dienen. Dabei gibt es keinen allzu heftigen Streit, weil nur ein fiktiver Text besprochen wird und nicht akute Schülerinteressen. Alle Schülerinnen dürften auf mehr zutreffende als unzutreffende Vermutungen kommen und also eher verstärkende argumentative Erfahrungen machen.

Fortführung: Die Schülerinnen können aufgefordert werden, selbst Texte mit solchen Fehlern zu schreiben.

Ähnliche Stoffe: Suchbilder mit Fehlern, „Lügengeschichten", „Lügengedichte".

Einige ähnliche Texte sind in: STERN, WILLIAM / WIEGMANN, OTTO: Methodensammlung zur Intelligenzprüfung von Kindern und Jugendlichen. Leipzig (3)1926 = Beiheft zur Zeitschrift für angewandte Psychologie Nr. 20, enthalten; diesen Texten verdankt der obige Text wesentliche Anregungen.

Vgl. auch: BENJAMIN, WALTER: Ein verrückter Tag. Dreißig Knacknüsse. In: BENJAMIN, WALTER: Aufklärung für Kinder. Rundfunkvorträge. Frankfurt/M.: Suhrkamp 1985. S. 197-205

Literatur:
BERTHOLD, SIEGWART: Hier stimmt etwas nicht! Erzähltext zur inhaltlichen Fehlersuche. In: Lehrer-Journal/Hauptschulmagazin 5. Jg., H. 7-8, 1990, S. 71

Rede zu einem auffälligen Wort

Ab 7. Schuljahr

Die Lehrerin hat Wortkarten mit auffälligen Wörtern vorbereitet, z.B.: Aasgeier, Amok, Aschenbecher, Ballett, Bild-Zeitung, Bohrmaschine, Bratpfanne, Brillenträger, Büttenrede, Dackel, Debattierklub, Drachenfels, Duell, Einhorn, Fertigteil, Fisch, Gänseblümchen, Germane(n), Gesundheitsapostel, Gummibaumplantage, Gyros, Känguruh, Kapellmeister, Kartoffel, Klappstuhl, Kleiderständer, König, Liebhaber, Liliputaner, Linsensuppe, Lippenstift, Löwenbändiger, Milchstraße, Monster, Nagelschere, Nahschnellverkehr, Oktoberfest, Orangensaft, Parfüm, Pascha, Pfefferminz, Pornographie, Pranke, Radieschen, Radikalinski, Raucherhusten, Regierungserklärung, Rock'n'Roll, Rotkehlchen, Sinologie, Sokrates, Spekulant, Schnüffelei, Stinktier, Tannenbaum, Telefonseelsorge, Umsatzsteuer, Umweltverschmutzung, Unterbodenschutz, Verfassungsgericht, Wasserleiche, Weizenbier, Wimperntusche, Wuschelhaar, Zwölfzylinder.

Jede Schülerin zieht eine Wortkarte (Variante: zwei Wortkarten, von denen sie eine wählen kann). Dazu soll sie eine kurze Rede halten, d.h. ein paar zusammenhängende, möglichst auch unterhaltsame Sätze sagen. Dabei wäre es schön, wenn die Rede einen geschlossenen Eindruck machte.

Nachdem alle Schülerinnen eine Wortkarte gezogen haben, bekommen sie einige Minuten Bedenkzeit. Dann halten sie ihre Ansprachen, entweder in der Reihenfolge der Meldungen oder bei z.B. U-förmiger Sitzordnung der Reihe nach von links nach rechts oder umgekehrt. (Die Lehrerin wählt die Richtung möglichst unauffällig so, dass als erste eine möglichst gut als Vorbild geeignete Rede zu erwarten ist.)

Fortgeschrittene, d.h. insbesondere Schülerinnen, die die Übung schon mehrmals gemacht haben, können aufgefordert werden, jeweils sofort nach dem Ziehen der Wortkarte mit der Rede zu diesem Wort zu beginnen.

Eine weitere Steigerungsform liegt darin, dass zwei oder sogar drei Wörter gezogen werden, die nach längerer oder nur sehr kurzer Vorbereitungszeit zu einer möglichst geschlossenen Kurzrede verarbeitet werden sollen.

Variante: Die Kurzreden sollen auf einem Tisch stehend gehalten werden. Damit wird das Reden an einer exponierten Stelle vor einer größeren Gruppe geübt. Insbesondere ist es ein Training im Auftreten und Abtreten bei einer

Rede. Die Lehrerin fordert die Schülerinnen auf, möglichst locker und elegant auf den Tisch und wieder herunter zu steigen. Dementsprechend sollte man einen stabilen Stuhl oder Hocker zu Hilfe nehmen. Bei nur mäßig Sprechängstlichen wirkt das Reden auf dem Tisch desensibilisierend; es bedeutet für sie eine Erleichterung, anschließend wieder Reden auf ebener Erde halten zu dürfen.

Zu dieser Variante vgl. GUDJONS S. 115 („Tanzfläche"), S. 139 („Selbstsicherheit prüfen").

Literatur:
GUDJONS, HERBERT: Praxis der Interaktionserziehung. Bad Heilbrunn 1978

Ein auffälliges Wort in einer Rede verstecken

Ab 8. Schuljahr

Das hier beschriebene Redespiel kommt ähnlich auch in der Redepraxis vor. So wetteiferten Bundestagsabgeordnete darum, wer als erster im Bundestag das Jules-Verne-Zitat „Ballonfahrten sind überhaupt das Allergrößte" in einer Rede unterbrächte (Spiegel 40/83, S. 298), oder sie vereinbarten, jeder von ihnen müsse in seiner ersten Bundestagsrede nach der Sommerpause eine Reise in der ersten Klasse der chinesischen Staatsbahn erwähnen (Spiegel 38/87, S. 282).

Die Lehrerin verteilt Zettel mit ausgefallenen Substantiven an die Schülerinnen – an jede einen oder auch zwei zur Auswahl, z.B.:

Blumenkinder, Flohzirkus, Muskelprotz, Krokodilfarm, Höhlenforscher, Jungfräulichkeit, Hexenmeister, Streichquartett, Schlafkrankheit, Schienbeinbruch, Primadonna, Troubadour, Patentante, Nichtschwimmerbecken, Mondfinsternis, Stadtstreicher, Leberknödelsuppe, Schlafwagenschaffner.

Die Aufgabe lautet: *„Jede von euch soll eine kurze Rede halten, in der das Wort auf dem Zettel vorkommt. Die Zuhörerinnen sollen raten, welches Wort auf dem Zettel steht. Wenn das den Zuhörerinnen nicht gelingt, habt ihr gewonnen. "*

Nach einer Vorbereitungszeit hält jede Schülerin ihre Rede. Nach jeder Rede sammelt die Lehrerin Vorschläge der Zuhörerinnen, welches Wort auf dem Zettel stehen könnte, und fordert dann die Zuhörerinnen auf, in Form einer Abstimmung – jede Zuhörerin hat eine Stimme – zu entscheiden, welches Wort sie für das versteckte halten. Da die Lehrerin die Worte kennt, muss sie dabei ihre Mimik usw. kontrollieren. Nach den ersten Reden können Schülerinnen die Abstimmungen leiten.

Man kann die ersten Reden schon nach etwa zehn Minuten Vorbereitungszeit halten lassen und die anderen am nächsten Übungstag.

Variante:
Wenn die Schülerinnen große Freude an diesem Spiel entwickeln und Zeit dafür ist, können auch zwei und mehr Wörter in den Reden versteckt werden.

Die Übung stellt eine spielerische Gelegenheit zum Reden dar, bei der Redeaufbau, der Einsatz anregender sprachlicher Elemente sowie auch der strategische Einsatz von körperlichem und stimmlichem Verhalten geübt werden können. Sie ist besonders für Redekurse geeignet, in denen es den Schülerinnen um die Überwindung von Redeangst geht. Die Schülerinnen sollen ihre Reden als gute, eigene Leistungen erleben. Übungen mit günstigen inhaltlichen und sozialen Redebedingungen können solche Erfolgserlebnisse fördern. Bei dieser Übung liegt eine Erleichterung darin, dass keine gründliche, sachliche Auseinandersetzung mit einem Thema gefordert wird. Vor allem erzeugt die Übung eine spielerische Stimmung, bei der kein ernsthafter Konkurrenzkampf in der Übungsgruppe aufkommt.

Die Übung fördert die Kreativität der Schülerinnen, was den Inhalt der Reden, aber auch was das Redeverhalten betrifft. Sie versuchen, das auffällige Ausgangswort unter mehreren entsprechend auffälligen, diesmal selbsterdachten Wörtern zu verstecken. Sie stellen Beziehungen zwischen entfernten Vorstellungsbereichen her. Außerdem versuchen sie, die Gedanken der Zuhörerinnen beim Erraten des Ausgangswortes zu antizipieren, und überlegen sich Strategien und Taktiken, um den Zuhörerinnen das Erraten zu erschweren, etwa wenn sie die nonverbalen Komponenten eines simulierten spontanen Einfalls täuschend echt darstellen. Mit diesen Aktivitäten sind die Schülerinnen so ausgelastet, dass für das Aufkommen von Redeangst normalerweise keine Energie mehr bleibt.

Inhaltlich tragen die Rednerinnen viel Eigenes vor. Die Zuhörerinnen reagieren mit Amüsement und freundlichem Lachen. Das ermutigt die Rednerinnen generell. Insbesondere werden die Schülerinnen dazu ermutigt, auch später anregende Elemente in ihre Reden einfließen zu lassen.

Die Zuhörerinnen hören aufmerksam zu, stellen Beziehungen zwischen den erwähnten Wörtern und Vorstellungsbereichen her und versuchen insbesondere zu beurteilen, welche Vorstellung die ursprüngliche gewesen sein könnte.

Insofern stellt die Übung für die Zuhörerinnen ein Zuhörtraining dar.

Die Zuhörerinnen raten oft auch bei inhaltlich reichhaltigen, geschickten Reden das Ausgangswort mehrheitlich richtig. Teils können sie dafür nachvollziehbare Überlegungen angeben, teilweise treffen sie intuitiv das Richtige. Das gibt Anlass, über situative, psychologische, sprachliche sowie para- und nonverbale Aspekte des Hörverstehens zu reflektieren.

Literatur:

BERTHOLD, SIEGWART: Ein auffälliges Wort in einer Rede verstecken. Ein Redespiel als Redeübung. In: Sprechen, H. 1, 1988. S. 32-34

8. Nonsensreden

Bei Übungen zum Nonsens-Reden können die Schülerinnen und Schüler ihre Redefertigkeiten weiterentwickeln, indem sie es auf spielerische Weise selbst tun und (möglichst positive) Erfahrungen mit der Wirkung ihrer Äußerungen sammeln, aber auch, indem sie von den Mitschülerinnen und auch von den Beiträgen der Lehrerin lernen. Das geläufige Sprechen vor einer Gruppe selbst dürften sie dann bald nicht mehr als verunsichernde Aufgabe empfinden. Solche Reden machen Spaß. In der Praxis hat gut erfundener Unsinn Unterhaltungswert, der persuasiv wirken kann. Er kann beim „ad-absurdum-Führen" auch als Argumentationsfigur eingesetzt werden. Im Deutschunterricht den Schülerinnen die Aufgabe zu stellen, bewusst Unsinn zu erfinden und mit gespieltem Brustton der Überzeugung vorzutragen, ist eine handlungsorientierte, wirkungsvolle Unterrichtsmethode, ihre Kritikfähigkeit gegenüber fremdem Unsinn zu fördern. Noch grundsätzlicher: Ohne Unsinn gibt es keinen Sinn; es kommt darauf an, den Unterschied herauszufinden. Der Versuch, Unsinn zu reden, kann auch im Sinne von brain-storming einen heuristisch-kreativen Effekt haben: Unsinn kann Sinn machen.

Nonsensreden für Anfängerinnen

Ab 5. Schuljahr

Jede Schülerin hält – vielleicht anhand einer eigenen Zeichnung – eine Rede zu einer der „neuen Bildungen" von Christian Morgenstern (1871-1914) aus: Galgenlieder, 1905:

Neue Bildungen, der Natur vorgeschlagen

Der Ochsenspatz	Die Tagtigall
Die Kamelente	Der Sägeschwan
Der Regenlöwe	Der Süßwassermops
Die Turtelunke	Der Weinpintscher
Die Schoßeule	Das Sturmspiel
Der Walfischvogel	Der Eulenwurm
Die Quallenwanze	Der Giraffenigel
Der Gürtelstier	Das Rhinozepony
Der Pfauenochs	Die Gänseschmalzblume
Der Werfuchs	Der Menschenbrotbaum.

Oder: Im Anschluß an die Behandlung von Christian Morgensterns Gedicht „Das Nasobém" (ebenfalls aus den Galgenliedern) könnten alle Schülerinnen in Nonsens-Reden das Thema behandeln: „Neues vom Nasobém".

Das Nasobém

Auf seinen Nasen schreitet
einher das Nasobém.
Von seinem Kind begleitet.
Es steht noch nicht im Brehm.

Es steht noch nicht im Meyer.
Und auch im Brockhaus nicht.
Es trat aus meiner Leyer
zum ersten Mal ans Licht.

Auf seinen Nasen schreitet
(wie schon gesagt) seitdem,
von seinem Kind begleitet,
einher das Nasobém.

Weitere Themenbeispiele:

„Die Tagesschau soll in Zukunft gesungen werden. Was meinen Sie dazu?" (BEHME S. 131 f.)

„Wir braten eine Salmonelle" oder „Wie man einen Wasserfloh zähmt" (GUDJONS S. 219).

„Das Nashorn als Haus- und Nutztier" oder „Soll das Fach ‚Quackeln' in der Schule eingeführt werden?";

oder: merkwürdige Erfindungen werden erläutert (PAWLOWSKI u. a. 1985, S. 116).

Die Schülerinnen können eigene Nonsens-Themen erfinden und darüber reden. Jede kann ihr eigenes Thema wählen und darüber ein paar Sätze sagen. Oder: Erst werden Dreier- oder Vierergruppen gebildet, die ein Thema finden und vorbereiten; es spricht pro Gruppe eine Schülerin.

Literatur:

BEHME, HELMA: Miteinander reden lernen. Sprechspiele im Unterricht. München, 2. Aufl. 1987

GUDJONS, HERBERT: Praxis der Interaktionserziehung. Bad Heilbrunn 1978

PAWLOWSKI, KLAUS / LUNGERSHAUSEN, HELMUT / STÖCKER, FRITZ: Jetzt rede ich. Wolfsburg 1985. S. 116-120

Einleitung in ein Nonsens-Referat

Ab 7. Schuljahr

Wenn die Schülerinnen die Übung „Einleitung in ein mündliches Referat" (S. 61 ff.) schon kennen, kann die Lehrerin sie mit der zusätzlichen Maßgabe wiederholen, diesmal ein Nonsensthema zu wählen. Die vorgegebene Struktur eignet sich gut für informierende Nonsens-Themen wie „Das Nilpferd als Haustier". Bei einem Unterrichtsversuch fand eine 10. Klasse eine Referateinleitung zum Thema „Das Liebesleben der Regenwürmer" mit großer Mehrheit am besten; vielleicht hatte das Thema einen Bezug zu ihrem Lebensgefühl.

Das Arbeitsblatt der Übung „Referateinleitung" (S. 64) kann auch für appellatives, argumentatives Nonses-Reden eingesetzt werden. Ein Beispiel, das die Lehrerin bei einer entsprechenden Übung als „Muster" vortragen könnte:

Mein Thema lautet: *Schafft die Schulen ab!*

Ich habe dieses Thema gewählt, weil *es wichtig für alle Betroffenen und für die gesamte Gesellschaft ist.*

In meinem Vortrag gehe ich so vor:
Zunächst *zeige ich, welche Schäden die Schulen anrichten.*

Dann *spreche ich über die Vorteile, die eine Abschaffung der Schulen bringen würde.*

Schließlich *werde ich einige erste praktische Schritte auf dem Weg zur Abschaffung der Schulen vorschlagen.*

Ich komme zum ersten Punkt, *den durch die Schulen verursachten gesellschaftlichen Schäden: Die Schulen verursachen riesige Kosten ...*

Die Grenze zwischen vernünftigen und unsinnigen Standpunkten und Argumentationen ist nicht klar zu ziehen, wie das Beispiel zeigt; „Schafft die Schule ab!" ist der Titel eines 1972 bei Rowohlt erschienen Buches von Everett Reimer.

Ein weiteres Beispiel:
Mein Thema lautet: *Schulen als Werbeträger.*

Ich habe dieses Thema gewählt, weil *die aktuelle Finanzsituation im Bildungsbereich es geradezu fordert, auf das Sponsoring als keineswegs ungewöhnliche Finanzierungsmethode zurückzugreifen.*

In meinem Vortrag gehe ich so vor:

Zunächst *spreche ich über Schulen, besonders über die Namen und die Gebäude von Schulen, als Werbeträger und die damit zu erzielenden Einnahmen.*

Dann *behandle ich verschiedene Arten, Lehrerinnen und Lehrer als Werbeträger einzusetzen und so einen Teil ihrer Vergütung zu finanzieren.*

Schließlich *erörtere ich auch Möglichkeiten für Schülerinnen und Schüler, Werbung so zu betreiben, dass sich daraus vielfältiger Nutzen für sie selbst und ihre Schule ergibt.*

Ich komme zum ersten Punkt: *Welche Chancen für Werbeeinnahmen bieten Schulen?*

Dieses Beispiel ist angeregt durch einen Unterrichtsvorschlag im geltenden Lehrplan Deutsch NW, Gymnasium, Sek. I, S. 142 f. Dort ist ein satirischer Zeitungsartikel mit dem Titel „Der Lehrkörper als Werbeträger" abgedruckt. Schüler des 9./10. Schuljahrs sollen nach dem Muster dieses Textes eine Satire verfassen, die Werbung in einem anderen Lebensbereich aufs Korn nimmt.

– Auch das Thema „Finanzierung von Schulen durch Werbung" reicht ins Realistische hinein.

– Das Thema „Werbung" eignet sich sehr gut für mündliche Schülerproduktionen, auch was die Form betrifft. Eine mögliche Aufgabe: Satirische Radiowerbespots herstellen (Tonbandaufnahmen).

Absurde Pressemeldungen

Die Schülerinnen entwerfen kurze absurde Zeitungs-, Radio- oder Fernsehnachrichten, z.B. „Baby mit Goldzahn geboren" u.ä., oder Meldungen nach folgendem Muster: „Wochenlang unterhielt der Bayerische Rundfunk seine Hörer morgens in der Serie ‚Bayern-Drei-Trendsetter' mit frei erfundenen Möllemann-Meldungen. Mal hieß es, ‚Bundesforschungsminister Möllemann' habe ein Ausgehverbot von 21 Uhr an verlangt, weil sich ein Komet der Erde nähere. Oder: Der ‚BSE-Vorsitzende Möllemann' wolle ein Einreiseverbot gegen ‚Jakob Creutzfeldt' durchsetzen, ‚den Erfinder des Rinderwahnsinns'. Oder: Der Vorsitzende der Nordelbischen Lutherischen Kirche, ‚Landesbischof Jürgen W. Möllemann', wolle die Kirchensteuer abschaffen. Jedesmal wurden Passanten auf Münchner Straßen befragt, was sie von den Vorschlägen hielten. Nicht einer wunderte sich über die vermeintlichen Ämter, Titel und Äußerungen des FDP-Politikers. Je absurder die Botschaften sind, die über Möllemann verbreitet werden, desto eher werden sie für wahr gehalten."(„Comeback der Querulanten". In: Der Spiegel 19/96, S. 37f.)

Die Schülerinnen sollen sich entsprechende Meldungen ausdenken. Diese können dann mit Tonband (Radiomeldungen) oder Videorecorder (Fernsehmeldungen) aufgenommen und wiedergegeben werden.

Nonsensreden für Fortgeschrittene

Ab 10. Schuljahr

Die Schülerinnen bekommen die Aufgabe, in einer höchstens fünfminütigen Rede eine scherzhafte Meinung oder Forderung zu vertreten. Am besten werden zunächst im Klassengespräch mögliche Themen gesammelt. Die Schülerinnen sollten die Möglichkeit haben, aus einer größeren Anzahl von Themenvorschlägen zu wählen. Es können auch jeweils einige Schülerinnen zum gleichen Thema reden. Am besten ist es, wenn die Ideen für die Nonsensreden von den Schülerinnen stammen. Aber auch die Lehrerin kann Vorschläge machen und sollte auch selbst eine solche Rede halten. Das folgende Beispiel dauert etwa fünf Minuten:

Lob des Einbruchs

Anrede

Gegenüber dem Einbruch ist eine stark ablehnende Haltung weit verbreitet. Diese Ablehnung beruht aber nicht auf gründlicher Überlegung und überzeugenden Gründen. Wer gegen Vorurteile ist, überprüft auch seine eigenen Meinungen immer wieder kritisch. Im folgenden möchte ich dies mit Ihnen zusammen am Beispiel des Einbruchs tun.

I

Zunächst zu der Person, bei der eingebrochen wird, dem sogenannten „Opfer" eines Einbruchs. Man könnte meinen, dass diese Person einen materiellen Verlust erleidet. Das ist aber in Wirklichkeit selten der Fall. Meistens wird der entstandene Schaden reichlich durch eine Hausratversicherung o.ä. erstattet. In den wenigen Fällen, in denen keine Versicherung den Schaden ersetzt, hat der Eigentümer selbst, indem er den Abschluß einer Versicherung unterließ, das Risiko eines Einbruchs in Kauf genommen.

Nun höre ich schon den Einwand, es könnten unersetzliche Dinge gestohlen sein. Aber ich frage Sie: Was ist unersetzlich? Man kann einen Einbruch auch zum Anlass nehmen, seine Einstellung zum materiellen Besitz zu überprüfen. Besteht nicht bei vielen eine stärkere innere Bindung an materiellen Besitz, als es richtig ist? Nach christlicher Lehre soll man haben, als hätte man nicht. Ich erinnere auch an den Buddhismus, der ja im Festhalten („clinging") die Ursache allen Leidens sieht. Wenn man einen Einbruch zum Anlass nimmt, seine Einstellung zu materiellem Besitz zu überprüfen, kann man als „Opfer" eines Einbruchs einen inneren Gewinn davontragen.

Übrigens fördert ein Einbruch die Sozialkontakte. Man kann davon erzählen, das regt andere zu eigenen Erinnerungen und Stellungnahmen an: Diese lebhafte Gesprächsatmosphäre gleicht dann einen etwaigen vorübergehenden Ärger über den Verlust gestohlener Dinge wieder aus.

II

Ich komme jetzt zu den Einbrechern oder Einbrecherinnen. Zunächst einmal haben sie materiellen Gewinn. Es kann sein, dass sie ihn nötig haben. Einbrüche erfordern Mut, genaue Planung und Geschick: Im Sinne unserer Leistungsgesellschaft kann man den Gewinn aus einem Einbruch als „verdient" betrachten.

Vor allem können aktive Einbrüche die Lebensqualität in kultureller Hinsicht steigern. Viele sehen in ihrer Freizeit stundenlang fern, und sie sehen dann oft

Filme, in denen Gewalttaten gezeigt werden. Ist da nicht ein selbst geplanter und durchgeführter Einbruch ein individuelleres und spannenderes Erlebnis? Prüfen Sie diese Alternative für sich selbst: Statt Krimi sehen - einbrechen!

III

Nun zu gesellschaftlichen Aspekten des Einbruchs.

Volkswirtschaftlich ist der Einbruch positiv zu beurteilen. Einbrüche erhöhen das Bruttosozialprodukt. Da ist zunächst auf die Ersatzbeschaffungen hinzuweisen. Dann sind auch Versicherungen, Alarmanlagenbauer, Anwälte und Gerichte zu nennen. Hier verdanken viele Menschen den Einbrechern ihren Lebensunterhalt. Einbrüche tragen dazu bei, die Arbeitslosigkeit zu bekämpfen.

Ein Nachteil unserer Gesellschaft besteht darin, dass das Eigentum ungleichmäßig verteilt ist. Einbrecher können hier zu einem Ausgleich beitragen. Ähnliches taten früher z.B. Robin Hood oder der Schinderhannes.

Einbruch ist rechtlich schwerer Diebstahl. Die Grundlage des Diebstahls ist das Eigentum. Wer Eigentum will und die Freiheit des Menschen respektiert, der muss auch den Diebstahl wollen. In einer Gesellschaft ohne Eigentum gäbe es keinen Diebstahl. Aber wer wollte das Eigentum abschaffen? Wer unserer Gesellschaftsordnung positiv gegenübersteht, kann den Einbruch nicht ablehnen. Im Gegenteil: Er muss bereit sein, Einbrüche als Komponente unseres zwischenmenschlichen Miteinanders zu akzeptieren.

Ich habe die vielfältigen positiven Aspekte des Einbruchs aufgewiesen. Einbruch ist frei von Gewalt gegen Personen. Ja, der Einbrecher hat im allgemeinen nicht einmal eine feindselige Einstellung gegen den Wohnungsbesitzer. Nach allem ist es kaum zu rechtfertigen, Einbrüche als Straftaten einzuordnen. Andererseits sollte man aber doch den Begriff des Eigentums nicht in Vergessenheit geraten lassen und auch eine gewisse Spannung für Einbrecherinnen und Einbrecher erhalten. Das wäre m. E. durch die Behandlung von Einbrüchen als Ordnungswidrigkeiten gut zu erreichen. Dadurch würde auch die Zahl der Straftaten verringert.

Anrede

Ich hoffe, meine kurzen Ausführungen haben Sie angeregt, Ihre Einstellung zum Einbruch zu überprüfen. Vielleicht konnten sie einigen von Ihnen helfen, sich eine differenziertere, ausgewogenere Meinung zu bilden. Für diejenigen unter Ihnen, die es noch nicht versucht haben, es aber versuchen wollen, sich durch eigenes, aktives Erleben ein noch fundierteres Urteil über Einbrüche zu verschaffen: Viel Glück!

Auch in der Wissenschaft gibt es bewusst produzierten Nonsens. Als Beispiel und ggf. Muster kann der Aufsatz aus dem „Journal der unwiederholbaren Experimente" dienen: Hoyle, R. J.: Der Verlust der Sprache als Mittel der Kommunikation. In: Schweigen. Hrsg. Ulrich Schmitz. = Osnabrücker Beiträge zur Sprachtheorie 42 (1990), S. 186-188. Der Aufsatz belegt mit Statistiken und Schaubildern, dass die Satz- und Wortlänge in englischen Texten immer weiter zurückgeht, und versucht, den Zeitpunkt des völligen Verschwindens englischer schriftlicher Texte zu extrapolieren.

Ein weiteres Beispiel für eine absurde Argumentation aus dem wissenschaftlichen Bereich enthält das Exposé des Vortrags von Werner Nothdurft auf der 25. Jahrestagung der Gesellschaft für Angewandte Linguistik 1994: „Plädoyer für die Abschaffung des Verstehens." Eins der genannten Argumente: „Gesprächsanalytische Untersuchungen zur konversationellen Inferenz zeigen, dass solche Inferenzen in sehr hohem Maße selbstreflexiv sind, und die Rede des andern nur marginale Relevanz besitzt. Wenn man jemanden in Kommunikation versteht, dann bestenfalls sich selbst."

Weitere Themenbeispiele:
Gegen Radfahrer; gegen Fußgänger.

Einige Ideen zu diesen Themen:

❏ Antisoziale Einstellung: Zahlen keine Steuern für Nutzung der öffentlichen Straßen, gehören nicht zur Solidargemeinschaft der Kraftfahrzeughaftpflichtversicherten.

❏ Verweigerung des Autokaufs schafft Arbeitslosigkeit und Armut, nicht nur hinsichtlich der Autoproduktion, sondern auch was Erdölprodukte betrifft.

❏ Umweltschutz fraglich: Auch die Stoffwechselprodukte von Radfahrern und Fußgängern belasten die Umwelt, ebenfalls die Lärmimmission Fahrradklingeln.

❏ Langsame Fortbewegung gibt Gelegenheit zum Nachdenken? Gilt auch für das Stehen im Stau. (Aristoteles: Durch Sitzen und Ruhen wird die Seele weise.)

– Für das Zu-spät-Kommen. (vgl. WEIGEL, HANS: Ist Pünktlichkeit heilbar? Zürich: Kreuz-Verlag 1988).

– Für das Hethitische als europäische Verkehrssprache.

– Vgl. auch ERASMUS VON ROTTERDAM: Lob der Torheit (1511).

Weitere Übungsmöglichkeiten für Nonsensreden:

– Nonsens-Redewettbewerb: In einer Klasse oder ggf. Rhetorik-AG einer Schule könnte ein Wettbewerb um den Titel „Schwätzer des Jahres" durchgeführt werden (Vorschlag von Ralf Langhammer in seinem Vortrag auf dem Bochumer Germanistiktag 1996). Dabei geht es darum, wer in seiner Rede den meisten (und lustigsten) Unsinn schwätzen kann.

– Nonsensdebatten: Zwei Teams mit z.B. je vier Mitgliedern debattieren gegeneinander pro und contra ein Nonsensthema, das vorher aus Schülervorschlägen ausgewählt wird.

9. Literatur

1. Bibliographien, Forschungsberichte und Sammelrezensionen zu Rhetorik und Argumentation

2. Antike Rhetorik

3. Neuere Literatur zu Rhetorik und Argumentation, besonders auch in der Schule, chronologisch geordnet

4. Literatur zu Redeangst und Sozialangst

5. Literatur zu Verständlichkeit und Verständlichkeitstraining

6. Literatur zur Redewirkung

7. Literatur zu Lüge, Polemik, Manipulation

8. Literatur zum Kommunikationstraining

9. Literatur zu Nonverbalem

10. Literatur zur Aussprache

I. Bibliographien, Forschungsberichte und Sammelrezensionen zu Rhetorik und Argumentation

JAMISON, ROBERT / DYCK, JOACHIM: Rhetorik – Topik – Argumentation. Bibliographie zur Redelehre und Rhetorikforschung im deutschsprachigen Raum 1945-1979/80. Stuttgart-Bad Cannstatt 1983. 349 S.

DYCK, JOACHIM: Bibliographie zur Argumentationsforschung 1966-1978. In: Rhetorik. Ein internationales Jahrbuch. Bd. 1. Stuttgart-Bad Cannstatt 1980. S. 153-159

Bibliographie zur deutschsprachigen Rhetorikforschung 1979/80, 1981/82, 1993/94. In: Rhetorik. Ein internationales Jahrbuch. Bd. 3-14. Stuttgart-Bad Cannstatt und Tübingen 1983-1995

sprechen. Zeitschrift für Sprechwissenschaft – Sprechpädagogik – Sprechtherapie – Sprechkunst. Regensburg 1983 ff. (2 Hefte pro Jahr; darin Bibliographien von neuen Büchern sowie von Zeitschriften und Beiträgen in Sammelbänden.) Dazu: Wagner, Roland W.: die sprechen-Bibliographie: Interdisziplinäre Zusammenstellung aktueller Bücher und Aufsätze zur mündlichen Kommunikation (Diskettenversion). Regensburg: BVS 1995. Diskette mit ca. 990 KB (entspricht über 500 Seiten Text). Einzelplatznutzung 35 DM. Verbesserte und stark erweiterte Neuausgabe 1996. Bestellung mit Angabe des Betriebs- und Textverarbeitungssystems direkt beim Autor: Goethestr. 8, 69115 Heidelberg.

BREUER, DIETER / KOPSCH, GÜNTHER: Rhetoriklehrbücher des 16. bis 20. Jahrhunderts. Eine Bibliographie. In: Schanze, Helmut (Hg.): Rhetorik. Beiträge zu ihrer Geschichte in Deutschland vom 16.-20. Jahrhundert. Frankfurt/M. 1974. S. 217-355

ÖHLSCHLÄGER, GÜNTHER: Beiträge zur Theorie und Praxis der Argumentation. In: Zeitschrift für germanistische Linguistik 7 (1979), H. 1. S. 83-103

VÖLZING, PAUL-LUDWIG: Argumentation. Ein Forschungsbericht. In: Zeitschrift für Literaturwissenschaft und Linguistik, 10 (1980), H. 38/39. S. 204-235

KREUDER, H. D.: Studienbibliographie Linguistik. Mit einem Anhang zur Sprechwissenschaft von L. Berger. 2., völlig neubearbeitete Aufl. Wiesbaden 1982, 3., neu überarb. u. ergänzte Aufl. Stuttgart 1993

BREMERICH-VOS, ALBERT: Neuere Arbeiten zu Rhetorik und Argumentation. In: Jahrbuch der Deutschdidaktik 1983/84. Tübingen 1984. S. 149-169

BAUSCH, KARL-HEINZ / GROSSE, SIEGFRIED (Hg.): Praktische Rhetorik. Beiträge zu ihrer Funktion in der Aus- und Fortbildung. Mit Auswahlbibliographie. Mannheim: Institut für deutsche Sprache 1985

GEISSNER, HELLMUT / SCHWANDT, BERND: Bibliographie der deutschsprachigen Veröffentlichungen aus Sprechwissenschaft und Sprecherziehung seit der Jahrhundertwende. St. Ingbert 1993

UEDING, GERT (Hg.): Historisches Wörterbuch der Rhetorik. Tübingen Bd. 1: A-Bib 1992; Bd. 2: Bie-Eul 1994, Bd. 3: Eup-Hör 1996

2. Antike Rhetorik

ARISTOTELES: Rhetorik. Übersetzt, mit einer Bibliographie, Erläuterungen und einem Nachwort von Franz G. Sieveke. München, 5. Aufl. 1995

CICERO: De oratore/Über den Redner. Lat./Dt. Übersetzt und hg. von Harald Merklin. Stuttgart (1976) 2. Aufl. 1991. Reclams UB 6884 (8)

QUINTILIANUS, MARCUS FABIUS: Ausbildung des Redners. 12 Bücher. Hg. und übersetzt von Helmut Rahn. 2 Bde. Darmstadt 1972, 1975

LAUSBERG, HEINRICH: Handbuch der literarischen Rhetorik. 2 Bde. München 1960

EISENHUT, WERNER: Einführung in die antike Rhetorik und ihre Geschichte. Darmstadt: Wiss. Buchgesellschaft 1982, 5. Aufl. 1996

3. Neuere Literatur zu Rhetorik und Argumentation, besonders auch in der Schule, chronologisch geordnet

LEMMERMANN, HEINZ: Lehrbuch der Rhetorik. München 1962. Neubearbeitung 1986, 5. Aufl. 1993

LEMMERMANN, HEINZ: Schule der Debatte. München 1991

TOULMIN, STEPHEN: Der Gebrauch von Argumenten. Kronberg/Ts. 1975, 2. Aufl. 1995, (Original 1958)

PERELMAN, CHAIM / OLBRECHTS-TYTECA, La nouvelle rhétorique. Traité de l'argumentation. Bd. 1-2. Paris 1958. 2. Aufl. Brüssel 1970

PLETT, HEINRICH F.: Einführung in die rhetorische Textanalyse. Hamburg 1971, 8. Aufl. 1991

PELSTER, THEODOR: Rede und Rhetorik. Arbeitsheft Deutsch Sekundarstufe II. Düsseldorf 1972, 11. Aufl. 1982

PELSTER, THEODOR: Reden, Redesituationen, Redekritiken. Quellenheft zu „Rede und Rhetorik". Düsseldorf 1986

GEISSNER, HELLMUT (Hg.): Rhetorik. München 1973 (bsv-Studienmaterial)

KOPPERSCHMIDT, JOSEF: Allgemeine Rhetorik. Einführung in die Theorie der Persuasiven Kommunikation. Stuttgart 1973

OCKEL, EBERHARD: Rhetorik im Deutschunterricht. Untersuchungen zur didaktischen und methodischen Entwicklung mündlicher Kommunikation. Göppingen 1974

LEHMANN, JAKOB / GLASER, HERMANN (Hg.): Die Rede des Politikers. Aspekte der politischen Kommunikation und Rhetorik. Studientexte Deutsch. Bamberg 1974

DYCK, JOACHIM (Hg.): Rhetorik in der Schule. Kronberg/Ts. 1974

SCHMIDT, WILHELM / STOCK, EBERHARD: Rede - Gespräch - Diskussion. Grundlagen und Übungen. Leipzig 1975, 3. Aufl. 1984

GEISSNER, HELLMUT: Rhetorik und politische Bildung. Kronberg/Ts. 1975, 2. Aufl. 1981

PLETT, HEINRICH F. (Hg.): Rhetorik. Kritische Positionen zum Stand der Forschung. München 1977

SCHECKER, MICHAEL (Hg.): Theorie der Argumentation. Tübingen 1977

ALEXY, ROBERT: Theorie der juristischen Argumentation. Frankfurt/M. 1978, Neuaufl. 1991

GÖTTERT, KARL-HEINZ: Argumentation. Grundzüge ihrer Theorie im Bereich theoretischen Wissens und praktischen Handelns. Tübingen 1978

KOPPERSCHMIDT, JOSEF: Das Prinzip vernünftiger Rede. Sprache und Vernunft Teil 1. Stuttgart 1978

KOPPERSCHMIDT, JOSEF: Argumentation. Sprache und Vernunft Teil 2. Stuttgart 1980

BACHEM, ROLF: Einführung in die Analyse politischer Texte. München 1979

VÖLZING, PAUL-LUDWIG: Begründen, Erklären, Argumentieren. Heidelberg 1979

PERELMAN, CHAIM: Das Reich der Rhetorik. München: Beck 1980

BREUER, DIETER / SCHANZE, HELMUT (Hg.): Topik. Beiträge zur interdisziplinären Diskussion. München 1981

VÖLZING, PAUL L.: Kinder argumentieren. Die Ontogenese argumentativer Fähigkeiten. Paderborn 1981

GEISSNER, HELLMUT: Sprecherziehung. Didaktik und Methodik der mündlichen Kommunikation. Königstein/Ts. 1982

ALLHOFF, DIETER-W. / ALLHOFF, WALTRAUD: Rhetorik und Kommunikation. Regensburg: (1. Aufl. 1982) 11. korr. Neuaufl. 1996

PAWLOWSKI, KLAUS: Praktische Rhetorik. Ein Gesprächs- und Redelehrgang. (5. bis 7. Schuljahr.) 1. Band: Text- und Arbeitsheft. 2. Band: Ergänzungsheft. Hannover: Schroedel 1983

GRÜNWALDT, HANS JOACHIM: Mündliche Kommunikationsübungen. Methodische Handreichungen für die Unterrichtspraxis. Frankfurt/M.: Diesterweg 1984

PAWLOWSKI, KLAUS / LUNGERSHAUSEN, HELMUT / STÖCKER, FRITZ: Jetzt rede ich. Ein Spiel- und Trainingsbuch zur praktischen Rhetorik. Wolfsburg 1985, 2. Aufl. Hannover 1993

KOPPERSCHMIDT, JOSEF / SCHANZE, HELMUT (Hg.): Argumente - Argumentation. Interdisziplinäre Problemzugänge. München 1985

HAFT, FRITJOF: Juristische Rhetorik. München 1978, 5. Aufl. Freiburg 1995

BAUSCH, KARL-HEINZ / GROSSE, SIEGFRIED (Hg.): Praktische Rhetorik. Beiträge zu ihrer Funktion in der Aus- und Fortbildung. Mit Auswahlbibliographie. Mannheim: Institut für deutsche Sprache 1985

ALLHOFF, DIETER-W. (Hg.): Sprechen lehren, reden lernen. München, Basel 1987

BEHME, HELMA: Miteinander reden lernen. München, 2. Aufl. 1987, 4. Aufl. 1992

WAGNER, ROLAND W.: Grundlagen der mündlichen Kommunikation. Sprechpädagogische Informationsbausteine für alle, die viel und gut reden müssen. (Pädagogische Hochschule Heidelberg 1990) 7., erw. Aufl. Regensburg 1996

LOEBBERT, MICHAEL F. (Hg.): Rhetorik. Arbeitstexte für den Unterricht. Für die Sekundarstufe. Stuttgart: Reclam 1991 (= Universal-Bibliothek Nr. 15021)

GÖTTERT, KARL H.: Einführung in die Rhetorik. Grundbegriffe, Geschichte, Rezeption. UTB 1599. München 1991, 2. verb. Aufl. 1994

BREMERICH-VOS, ALBERT: Populäre rhetorische Ratgeber. Historisch-systematische Untersuchungen. Tübingen 1991

GORA, STEPHAN: Grundkurs Rhetorik. Eine Hinführung zum freien Sprechen. Stuttgart: Klett 1992

ASMUTH, BERNHARD: Politische Rede in der Schule. In: Rhetorik. Ein internationales Jahrbuch. Bd. 11. Tübingen 1992. S. 85-97

OCKEL, EBERHARD: Rede- und Gesprächsfähigkeiten in der gymnasialen Oberstufe. Forderungen der Richtlinien und Umsetzungsvorschläge. In: Rhetorik. Ein internationales Jahrbuch. Bd. 11. Tübingen 1992. S. 98-114

UEDING, GERT / STEINBRINK, BERND: Grundriß der Rhetorik. Geschichte, Technik, Methode. 3., überarb. u. erw. Auflage. Stuttgart, Weimar: Metzler 1994.

GRÖSCHEL, UTA C.: Reden vorbereiten – Reden halten. Hg. von der IG Chemie-Papier-Keramik. Bund-Verlag 1994

Duden: Reden gut und richtig halten. Ratgeber für wirkungsvolles und modernes Reden. Hg. u. bearbeitet von der Dudenredaktion in Zusammenarbeit mit Siegfried A. Huth und Frank Hatje. Mannheim u.a.: Dudenverlag 1994

PERELMAN, CHAIM: Logik und Argumentation. Beltz Athenäum 2. Aufl. 1994

PABST-WEINSCHENK, MARITA: Reden im Studium. Ein Trainingsprogramm. Frankfurt/M. 1995

KOPPERSCHMIDT, JOSEF (Hg.): Politik und Rhetorik. Funktionsmodelle politischer Rede. Opladen 1995

LANGHAMMER, RALF: Debattenwettbewerb in der Schule. In: Sprechen, 13. Jg., H. 2, 1995, S. 18-28

LANGHAMMER, RALF: Debattenwettbewerb. Eine Möglichkeit zur Handlungsorientierung in vielen Fächern. Pädagogik, 49. Jg., H. 1, 1997, S. 32-39

KIENPOINTER, MANFRED: Vernünftig argumentieren. Regeln und Techniken der Diskussion. Reinbek 1996. Rowohlt-TB 60109

OTTMERS, CLEMENS: Rhetorik. Stuttgart u. Weimar 1996

4. Literatur zu Redeangst und Sozialangst

HORSTKEMPER, MARIANNE: Schule, Geschlecht und Selbstvertrauen. Eine Längsschnittstudie über Mädchensozialisation in der Schule. Weinheim und München: Juventa 1987, 2. Aufl. 1991

KRIEBEL, REINHOLDE: Sprechangst. Analyse und Behandlung einer verbalen Kommunikationsstörung. Stuttgart: Kohlhammer 1984

LOTZMANN, GEERT (Hg.): Sprechangst in ihrer Beziehung zu Kommunikationsstörungen. Berlin: Marhold 1986

PETERMANN, FRANZ / PETERMANN, ULRIKE: Training mit sozial unsicheren

Kindern. München-Weinheim: 6. überarb. Aufl. 1996

SCHWÄBISCH, LUTZ / SIEMS, MARTIN: Anleitung zum sozialen Lernen für Paare, Gruppen und Erzieher. Kommunikations- und Verhaltenstraining. Hamburg 1974 (rororo-TB 6846). „Soziale Angst" S. 37-52

SEIDENSTÜCKER, GERHARD: Eine theoretische und experimentelle Untersuchung der Genese und Therapie von Sozialangst. Diss. Regensburg 1978

Spiegel 37/1989, S. 242-246: Verwirrendes Puzzle. Warum überrollen Gefühle so oft den Verstand? Ein amerikanischer Wissenschaftler fand eine Antwort.

TAUSCH, REINHARD / TAUSCH, ANNE-MARIE: Erziehungspsychologie. Göttingen u. a. 1. Aufl. 1963, 10. Aufl. 1991

ULLRICH DE MUYNCK, RITA/ULLRICH, RÜDIGER: Das Assertiveness-Training-Programm ATP: Einübung von Selbstvertrauen und sozialer Kompetenz. München (1976) 6. Aufl. 1994

BEUSHAUSEN, ULLA: Sprechangst. Erklärungsmodelle und Therapieformen. Opladen 1996

ESCHENBERG, ANN-KRISTIN: Sprechangst im deutsch-niederländischen Vergleich. In: Sprechen, H. 2, 1996, S. 16-30

5. Literatur zu Verständlichkeit und Verständlichkeitstraining

Bibliographie:

BIERE, BERND ULRICH: Textverstehen und Textverständlichkeit. Heidelberg: Julius Groos 1991. = Studienbibliographien Sprachwissenschaft Bd. 2

Bücher und Aufsätze

ALLHOFF, DIETER-W.: Verständlichkeit gesprochener Sprache. Zum Stand der Forschung. In: Spechen 2 (1984) H. 2, S. 16-30

ANTOS, GERD / AUGST, GERHARD: Textoptimierung. Das Verständlichmachen von Texten als linguistisches, psychologisches und praktisches Problem. Frankfurt/M.: Lang 1989, 2. Aufl. 1992

AUGST, GERHARD: Fachsprache – Textverständlichkeit – Textproduktion. In: Der Deutschunterricht 35 (1983) H. 2, S. 5-21

BALLSTAEDT, STEFFEN-PETER / MANDL, HEINZ / SCHNOTZ, WOLFGANG / TERGAN, SIGMAR-OLAF: Texte verstehen, Texte gestalten. München, Wien, Baltimore 1981

BAMBERGER, RICHARD / VANECEK, ERICH: Lesen – Verstehen – Lernen – Schreiben. Die Schwierigkeitsstufen von Texten in deutscher Sprache. Wien 1984

BERTHOLD, SIEGWART: Methoden der Anleitung zum verständlichen Reden. In: Praxis Deutsch, H. 33 (1979), S. 45-47

BERTHOLD, SIEGWART: Anleitung zum verständlichen mündlichen Informieren. In: BEHME, HELMA (Hg.): Angewandte Sprechwissenschaft. Interdisziplinäre Beiträge zur mündlichen Kommunikation. = Zeitschrift für Dialektologie und Linguistik, Beiheft 59. Stuttgart 1988. S. 57-75

Bundesverwaltungsamt (Hg.): Bürgernahe Verwaltungssprache. (Köln 1984) 3. Aufl. Karlsfeld: Jüngling 1995

FLESCH, RUDOLF: Besser schreiben, sprechen, denken. Düsseldorf, Wien 1973 (am. Original 1949)

FOHRMANN, JÜRGEN: Über die (Un-)Verständlichkeit. In: Dt. VJSchr. f. Lit.- W u. GG 68 (1994), 2, S. 197-213

FUCHS-KHAKHAR, CHRISTINE: Die Verwaltungssprache zwischen dem Anspruch auf Fachsprachlichkeit und Verständlichkeit. Tübingen 1987

GÖTTERT, KARL HEINZ: Ringen um Verständlichkeit. Ein historischer Streifzug. In: Dt. Vjs. f. Litw. u. Geistesg. 65. Jg. (1991), S. 1-14

GROEBEN, NORBERT: Die Verständlichkeit von Unterrichtstexten. Dimensionen und Kriterien rezeptiver Lernstadien. Münster 1972, 2. Aufl. 1978

GROEBEN, NORBERT: Leserpsychologie: Textverständnis – Textverständlichkeit. Münster 1982

GROEBEN, NORBERT / CHRISTMANN, U.: Textoptimierung unter Verständlichkeitsperspektive. In: Antos, G./Krings, H.P. (Hg.): Textproduktion. Tübingen 1989. S. 165-196

HARDT-MAUTNER, GERLINDE: Making Sense of the News. Eine kontrastivlinguistische Studie zur Verständlichkeit von Hörfunknachrichten. Frankfurt: Peter Lang 1992

LANGER, INGHARD / SCHULZ V. THUN, FRIEDEMANN / TAUSCH, REINHARD: Verständlichkeit in Schule, Verwaltung, Politik und Wissenschaft. Mit einem Selbsttrainingsprogramm zur verständlichen Gestaltung von Lehr- und Informationstexten. München, Basel 1974

LANGER, INGHARD u. a.: Sich verständlich ausdrücken. München 1981, 5. verb. Aufl. 1993

LAUSBERG, HEINRICH: Handbuch der literarischen Rhetorik. 2 Bde. München 1960

LEHRNDORFER, ANNE: Kontrolliertes Deutsch. Linguistische und sprachpsychologische Leitlinien für eine (maschinell) kontrollierte Sprache in der Technischen Dokumentation. = Tübinger Beiträge zur Linguistik 415.

Tübingen 1996

LUTZ, BENEDIKT / WODAK, RUTH: Information für Informierte. Linguistische Studien zu Verständlichkeit und Verstehen von Hörfunknachrichten. Endbericht des Forschungsprojektes „Sprachbarrieren im Hörfunk". Wien: Verlag der österr. Akad. d. Wissenschaften 1987

MANDL, HEINZ (Hg.): Zur Psychologie der Textverarbeitung. Ansätze, Befunde, Probleme. München 1981

NEUMANN, UWE: Wodurch wird Verständlichkeit erzeugt? Zur rhetorischen Textoptimierung - ein vernachlässigter Aspekt der Rhetorik. In: Rhetorik 14 (1995), S. 59-70

PFEIFFER, OSKAR E. / STROUHAL, ERNST / WODAK, RUTH: Recht auf Sprache. Verstehen und Verständlichkeit von Gesetzen. = NÖ Schriften 5 - Wissenschaft. Wien: Orac 1987

REINERS, LUDWIG: Stilfibel. München 1951, dtv 154 1963

ROCHE, REINHARD: ‚Behördendeutsch' oder ‚flegelhafter Beamtenstil'? Vorschlag zur Einbeziehung eines umstrittenen Sachbereichs in den Sprachunterricht der Mittelstufen. In: Der Deutschunterricht 34 (1982) H. 1, S. 117-122

SCHNEIDER, WOLF: Deutsch für Profis. Hamburg 1984

SCHNEIDER, WOLF: Deutsch fürs Leben. Was die Schule zu lehren vergaß. Reinbek bei Hamburg: Rowohlt Taschenbuch Verlag 1994. = rororo 9695

SCHULZ V. THUN, FRIEDEMANN U.A.: Verständlich informieren und schreiben. Trainingsprogramm Deutsch für Schüler. Freiburg 1975 (72 S.)

SCHULZ V. THUN, FRIEDEMANN: Miteinander reden 1: Störungen und Klärungen. Psychologie der zwischenmenschlichen Kommunikation. Reinbek 1981, Rowohlt-TB 7489. S. 140-155

SEITZ, CHRISTIANE: Funkkollegs auf dem Prüfstand. Zur Verständlichkeit naturwissenschaftlicher Lehrtexte. Alsbach-Hähnlein 1989

TAUSCH, REINHARD/TAUSCH, ANNE-MARIE: Erziehungspsychologie. Göttingen u.a., 10. Aufl. 1991

TEIGELER, PETER: Verständlichkeit und Wirksamkeit von Sprache und Text. Karlsruhe 1968

TEIGELER, PETER: Verständlich sprechen, schreiben, informieren. Bad Honnef 1982

URBAN, KLAUS K.: Verstehen gesprochener Sprache. Düsseldorf 1977

6. Literatur zur Redewirkung

BOURDIEU, PIERRE: Was heißt sprechen? Die Ökonomie des sprachlichen Tausches. Wien 1990 (Original Paris 1982)

DRINKMANN, ARNO / GROEBEN, NORBERT: Metaanalysen für Textwirkungsforschung. Methodologische Varianten und inhaltliche Ergebnisse im Bereich der Persuasionswirkung von Texten. Weinheim 1989

DRÖGE, FRANZ / WEISSENBORN, RAINER / HAFT, HENNIG: Wirkungen der Massenkommunikation. Frankfurt 1973

FESTINGER, LEON: Theorie der kognitiven Dissonanz. München 1978

Rhetorik. Ein internationales Jahrbuch. Bd. 11: Rhetorik und Politik. Tübingen 1992

SCHRAMM, WILBUR (Hg.): Grundfragen der Kommunikationsforschung. München 1970 (Original 1963)

TEIGELER, PETER: Verständlichkeit und Wirksamkeit von Sprache und Text. Stuttgart 1968

TRIANDIS, HARRY C.: Einstellungen und Einstellunggsveränderungen. Weinheim/Basel 1975 (Original 1971)

7. Literatur zu Lüge, Polemik, Manipulation

BARTELS, RUDOLF: Lehrbuch der Demagogik. Berlin 1905

ERDMANN, OTTO: Die Kunst, recht zu behalten. Leipzig 1924, Frankfurt/M. 1969, 8., rev. Aufl. 1973

FALKENBERG, GABRIEL: Lügen. Grundzüge einer Theorie sprachlicher Täuschung. Tübingen 1982

HAMILTON, WILLIAM GERARD: Das Streitgespräch. Bemerkungen über den Glanz der Rede und die Schäbigkeit der Beweise. Heidelberg 1962. 3., erw. Aufl. u. d. T. „Die Logik der Debatte" 1978, 4. Aufl. 1991 (Original 1808)

ROTHER, WERNER: Die Kunst des Streitens. (1961) Goldmann Bd. 10 596. München o. J., 3., überarb. Aufl. München: Olzog 1988

SCHNEIDER, WOLF: Unsere tägliche Desinformation. Wie die Massenmedien uns in die Irre führen. 2. Aufl. 1984, 5. Aufl. 1992

SCHOPENHAUER, ARTHUR: Eristik. Im Anhang von: Frank-Böhringer, Brigitte: Rhetorische Kommunikation. Quickborn 1963

8. Literatur zum Kommunikationstraining

ARGYLE, MICHAEL / HENDERSON, MONIKA: Die Anatomie menschlicher Beziehungen. Spielregeln des Zusammenlebens. Paderborn 1986

CORDES, HERMANN: Training alltäglicher Kommunikation. Einführung in einen vernachlässigten Lernbereich des Deutschunterrichts. Hannover (Niedersächsische Zentrale für Politische Bildung) 1978

FITTKAU, BERND u. a.: Kommunizieren lernen (und umlernen). Trainingskonzeptionen und Erfahrungen. Braunschweig 1977, 7. Aufl. 1994

FITTKAU, BERND u. a.: Kommunikations- und Verhaltenstraining für Erziehung, Unterricht und Ausbildung. 2., überarb. u. erg. Aufl. München 1977

GOLEMAN, DANIEL: Emotionale Intelligenz. München, Wien 1996

GORDON, THOMAS: Lehrer-Schüler-Konferenz. Wie man Konflikte in der Schule löst (Am. Original 1974). München: Heyne-Sachbuch 24/19, 1989

GUDJONS, HERBERT: Praxis der Interaktionserziehung. 180 Übungen und Spiele zum Gruppentraining in Schule, Jugendarbeit und Erwachsenenbildung. Bad Heilbrunn 1978 (GUDJONS, HERBERT: Spielbuch Interaktionserziehung. 185 Spiele und Übungen zum Gruppentraining in Schule, Jugendarbeit und Erwachsenenbildung. Bad Heilbrunn, 6. Aufl. 1995)

SCHULZ V. THUN, FRIEDEMANN: Miteinander reden 1. Störungen und Klärungen. Psychologie der zwischenmenschlichen Kommunikation. Reinbek: Rowohlt-TB 7489, 1981

SCHULZ V. THUN, FRIEDEMANN: Miteinander reden 2. Stile, Werte und Persönlichkeitsentwicklung. Reinbek: Rowohlt-TB 8496, 1989

SCHWÄBISCH, LUTZ / SIEMS, MARTIN: Anleitung zum sozialen Lernen für Paare, Gruppen und Erzieher. Kommunikations- und Verhaltenstraining. Reinbek: Rowohlt-TB 6846, 1974

TANNEN, DEBORAH: Das hab ich nicht gesagt! Kommunikationsprobleme im Alltag. München 1994 (am. Original 1986, dt. 1992)

TAUSCH, REINHARD / TAUSCH, ANNE-MARIE: Erziehungspsychologie. Göttingen u. a. 1. Aufl. 1963, 10. Aufl. 1991

TAUSCH, REINHARD: Hilfen bei Streß und Belastung. Vollständig überarbeitete und erweiterte Neuausgabe. Reinbek: Rowohlt-TB 1996

TAUSCH, REINHARD / TAUSCH, ANNE-MARIE: Gesprächspsychotherapie. Göttingen, 9. Aufl. 1990

9. Literatur zu Nonverbalem

ALLHOFF, DIETER-W.: Beobachtungs- und Verhaltenstraining zur nonverbalen Kommunikation. Ein Beitrag zum Sprachunterricht in der Sekundarstufe I. In: Berthold, S./Naumann, C.L. (Hrg.): Mündliche Kommunikation im 5. - 10. Schuljahr. Bad Heilbrunn 1984. S. 118-133

FITZNER, THILO: Expressives nichtverbales Lehrerverhalten. Eine Untersuchung von minimalen und maximalen Trainingsformen bei der Ausbildung von Lehrerstudenten in expressivem nichtverbalem Verhalten. Frankfurt/M. u.a.: Lang 1984

GRINDER, MICHAEL: Ohne viele Worte. Nonverbale Muster für erfolgreiches Unterrichten. Freiburg im Breisgau 1995

HEIDEMANN, RUDOLF: Körpersprache im Unterricht. Ein praxisorientierter Ratgeber. Heidelberg 5. Aufl. 1996

HENLEY, NANCY M.: Körperstrategien. Geschlecht, Macht und nonverbale Kommunikation. Frankfurt/M.: Fischer-TB 1988

KOTTHOFF, HELGA (Hg.): Das Gelächter der Geschlechter. Humor und Macht in Gesprächen von Frauen und Männern. Frankfurt/M.: Fischer-TB 1988

MORRIS, DESMOND: Das Tier Mensch. München: Heyne-TB 1996 (engl. Original 1994)

MÜHLEN ACHS, GITTA: Wie Katz und Hund. Die Körpersprache der Geschlechter. München 1993

ROSENBUSCH, HEINZ S. / SCHOBER, OTTO (Hg.): Körpersprache in der schulischen Erziehung. Pädagogische und fachdidaktische Aspekte nonverbaler Kommunikation. Baltmannsweiler (1. Aufl. 1986), 2., vollst. überarb. u. erw. Aufl. 1995

SCHERER, KLAUS R. / WALLBOTT, HARALD G. (Hg.): Nonverbale Kommunikation. Forschungsberichte zum Interaktionsverhalten. Weinheim (1. Aufl. 1979) 1984. Darin S. 320-329: Mark L. Knapp: Nonverbale Kommunikation im Klassenzimmer.

SCHERER, KLAUS R. (Hg.): Vokale Kommunikation. Nonverbale Aspekte des Sprachverhaltens. Weinheim, Basel 1982

WALLBOTT, HARALD G.: Mimik im Kontext. Die Bedeutung verschiedener Informationskomponenten für das Erkennen von Emotionen. Göttingen 1990

10. Literatur zur Aussprache

Duden Aussprachewörterbuch. Der Große Duden, Bd. 6. Mannheim, 3. Aufl. 1990

KOHLER, KLAUS J.: Einführung in die Phonetik des Deutschen. Berlin 1977, 2. neubearbeitete Aufl. 1995

Quellenverzeichnis

S. 31: Loriot, Rede des Vampyrs. Aus: Loriots Heile Welt. Neue gesammelte Texte und Zeichnungen ©1983 by Diogenes Verlag AG Zürich. *S. 34:* Werner Koczwara, Was wollen uns die Liedertexte sagen? (bisher unveröffentlicht). *S. 32:* Wendelin Rader, Der Wiesenwinkel (bisher unveröffentlicht). Ähnliche Texte in Wendelin Rader, Pommes rotweiß, Alano Verlag, Aachen 1986. *S. 35:* Lotusblumenmeditation. Aus: Maureen Murdock, Dann trägt mich meine Wolke ..., Bauer Verlag, Freiburg 1989. *S. 36:* Entspannungstext Ruhe und Schwere. Auszug aus: Sabine Friedrich, Volker Friebel, Entspannung für Kinder, Sachbuch 8563. ©1989 by Rowohlt Taschenbuch Verlag GmbH, Reinbek. *S. 36:* Lisa Moorwessel, Meditation Suppenwürfel (bisher unveröffentlicht). *S. 46-50:* Fünfsatzschema. Aus: Hellmut Geißner, Der Fünfsatz. Ein Kapitel Redetheorie und Redepädagogik. In: Wirkendes Wort 18 (1968) 4, S. 258-278. *S. 55 f.:* Günther Lietzmann, Tarnung durch Bombast, Süddeutsche Zeitung vom 1. 10. 1977. *S. 69-71:* Schemabilder aus Inghard Lange, Friedemann Schulz v. Thun, Reinhard Tausch, Sich verständlich ausdrücken. Ernst Reinhardt Verlag, München, Basel 4. Aufl. 1990, S. 16-22. *S. 74/75:* Die Verständlichmacher stellen sich vor. Aus: Schulz von Thun, Enkemann, Leßmann, Steller, Verständlich informieren und schreiben. Trainingsprogramm Deutsch, Herder Verlag, Freiburg 1975, S. 61-63. *S. 79-82:* Vier Stundenprotokolle. Aus: Schulz von Thun u. a. 1975, S. 18-20. *S. 85:* Schema: Ursachen mangelnder Konzentration. Aus: Ernst Ott, Das Konzentrationsprogramm, Sachbuch 7099. ©1977 by Rowohlt Taschenbuch Verlag GmbH, Reinbek.